Erfüllende Beziehungen

Saleem Matthias Riek
und Adriana Feldhege

Erfüllende Beziehungen

Wegweiser und Hindernisse

Impressum

1. Auflage Juli 2023

Bibliografische Information der Deutschen Nationalbibliothek:
Die Deutsche Nationalbibliothek verzeichnet diese Publikation in der Deutschen
Nationalbibliografie; detaillierte bibliografische Daten sind im Internet über
http://dnb.dnb.de abrufbar.

© 2023 Saleem Matthias Riek, www.schule-des-seins.de

Coverfoto: cottonbro studio, pexels.com

Herstellung und Verlag: BoD – Books on Demand, Norderstedt

ISBN: 978-3 7504 97603

Inhalt

Vorwort

Erfüllende Beziehungen, wer würde da widerstehen können? Und doch scheint es manchmal eine unerreichbare Traumvorstellung zu sein, dass wir unsere Beziehungen in der Tiefe genießen, dass wir sie bewusst gestalten können und sie als erfüllend erleben.

Das hängt nicht zuletzt damit zusammen, dass wir alle eine Zeit durchlebt haben, in der wir uns unsere Beziehungen nicht aussuchen konnten. Wir mussten nehmen, was wir hatten, wir konnten uns keine andere Mama oder einen anderen Papa backen, keine andere Oma, keine anderen Geschwister (oder überhaupt welche) und noch nicht einmal andere Nachbarinnen, andere Lehrer oder andere Mitschülerinnen. Wir haben gelernt, uns an die Personen anzupassen, die nun mal da waren.

Diese frühen Erfahrungen haben unser Selbstbild, unser Menschenbild und unser Weltbild geprägt, wir kannten ja keine andere Welt. Und doch wohnt in vielen von uns die Sehnsucht, dass es anders sein möge, vor allem wenn wir vernachlässigt, manipuliert oder verletzt wurden. Und wer wurde das nicht?

Es ist erstaunlich, wie überlebensfähig unsere Sehnsucht danach ist, wirklich geliebt zu werden und selbst zu lieben. Sie kann nach vielen Jahren der Resignation wieder aufflammen, sobald wir einem Menschen begegnen, der in einem gewissen Umfang unsere Hoffnung wieder aktiviert. Wenn wir dann glauben, wir hätten den oder die Richtige gefunden und alles andere fände sich von selbst, liegt die Enttäuschung meist nicht weit, manchmal sucht sie uns aber auch erst Jahre später wieder auf. Wenn wir das einige Male erlebt haben, fällt unsere Sehnsucht womöglich in ihren Tiefschlaf zurück und wir arrangieren uns mit unserem Single-Leben oder mit einem "Durchmarsch zu zweit", wenn er denn einigermaßen auszuhalten ist.

Oder, und für diesen Fall haben wir dieses Gespräch geführt, wir werden neugierig. Vielleicht sind wir sogar einigermaßen zufrieden mit unserem Liebesleben, aber wenn wir ehrlich zu uns selbst sind, bemerken wir: Da geht noch was! Anstatt zu glauben, es ginge nur darum, unsere "bessere Hälfte" zu finden, entwickeln wir eine zunehmende Bereitschaft, aus unseren Beziehungen, aus den Beziehungen anderer und vielleicht auch mit professioneller Hilfe zu lernen und uns in unserer Liebesfähigkeit weiterzuentwickeln. Unsere Sehnsucht nach erfüllenden Beziehungen wird zu unserem Kompass.

Seit vielen Jahren begleiten wir Menschen auf diesem Weg. In unserem Gespräch, das bereits seit Jahren als Video und als Podcast verfügbar ist, haben wir einige unserer Erfahrungen und Erkenntnisse zu diesem Thema zusammengetragen. Auf vielfachen Wunsch machen wir es nun auch in lesbarer Form verfügbar.

Wir wünschen dir, liebe Leserin, lieber Leser, eine spannende, aufschlussreiche und inspirierende Reise auf dem Weg zu und mit deinen erfüllenden Beziehungen.

Sölden und München, Juni 2023

Einführung

Adriana: Hallo Saleem, herzlich willkommen zu unserem heutigen Gespräch über Beziehungen. Wir wollen über Geheimnisse erfüllender Beziehungen sprechen beziehungsweise über Wegweiser dorthin. Ich denke, das Thema erfüllende Beziehungen ist für viele Menschen relevant.
Wir kennen uns aus vielen Trainings und Assistenzen, die ich bei dir durchlaufen habe, und ich habe dich als einen scharfsinnigen und feinfühligen Lehrer und Leiter erlebt, der es schafft, in diesem sehr komplexen und verwirrenden Bereich rund um die Liebe, in dem so viele Paradoxien enthalten sind, immer wieder Dinge so zu formulieren, dass sich beim Zuhören oder Lesen neues Bewusstsein entwickeln kann.

Saleem: *Danke für Lobesrede, liebe Adriana. Ich werde da etwas beklommen, mir ist das eher unangenehm. Du bist seit vielen Jahren Paartherapeutin und natürlicherweise allein schon deswegen auch sehr erfahren beim Thema erfüllende Beziehungen und was Wegweiser dorthin sein könnten.*

Adriana: Also lass uns ins Gespräch kommen zum Thema Geheimnisse erfüllender Beziehungen. Ich habe mir Gedanken darüber gemacht und natürlich auch meine eigenen Erfahrungen. Ich freue mich, wenn wir miteinander in die Forschung einsteigen.

Saleem: *Ja, das machen wir, ich freue mich darauf.*

Adriana: Gut. dann will ich dir erzählen, wie ich mir ausgedacht habe, dieses Gespräch heute zu führen. Ich habe als Schülerin und auch als Assistentin immer wieder mal wieder Sätze und Inhalte von dir gehört, die ich zusammengesammelt habe und hier in den Diskussionsraum stellen möchte. So werde ich dich jetzt an einige deiner Thesen erinnern, um mit dir ins Gespräch darüber zu kommen. Darf ich loslegen?

Saleem: *Okay, wir gehen in medias res.*

1. Sex, Herz und Bindung

Sex, Herz und Bindung sind eigenständige Dimensionen in einer Beziehung, die ihre jeweils eigene Dynamik haben und ihre eigenen Gesetzmäßigkeiten.

Adriana: Diese These finde ich sehr interessant. Magst du etwas dazu sagen, Saleem?

Saleem: Ja gerne. Ich finde, dass oft etwas verwechselt wird, indem zum Beispiel behauptet wird, dass, wenn jemand Sex mit jemand anderem hat, automatisch eine Bindung entsteht oder wenn jemand verliebt ist, dass das automatisch etwas mit Bindung zu tun hat. Das würde heißen, dass Sex und Herz automatisch Bindung schaffen.
Teilweise wird schon noch zwischen Sex und Herz differenziert und anerkannt, dass es dabei um verschiedene Qualitäten geht. Aber selbst das ist für manche schwierig, genau auseinanderzuhalten. Was ist eine erotische Qualität in einer Begegnung und was ist eine Herzensqualität?

Die dritte Dimension wird meistens komplett ausgeblendet und kommt dann unbewusst mit ins Spiel, nämlich die Frage: Wie und an wen binden wir uns?
Sexualität ist eher etwas, was mit Polarität zu tun hat, also mit Spannung und mit der Frage, wie gehen wir damit um, dass wir verschieden sind? Wie können wir das erotisch besetzen? Wie kann daraus ein gewisses Prickeln entstehen?
Herzensqualität ist aus meiner Sicht eher eine Art und Weise, mit der wir uns umarmen, unsere Gemeinsamkeit spüren, Verbundenheit spüren und einander annehmen, so wie wir sind.
Bindung ist nochmal etwas anderes. Bindung heißt, dass das Ganze auf Kontinuität angelegt ist und beinhaltet auch Bedürfnisse wie Zugehörigkeit und Verlässlichkeit, die wir natürlich aus unserer Kindheit stark kennen.

Sie haben eine eigene Qualität, die nicht notwendigerweise mit einer sexuellen oder erotischen beziehungsweise einer Herzens- oder Liebesqualität einhergehen muss, aber natürlich durchaus kann.

Adriana: Okay. Würdest du denn sagen, dass Sex, Herz und Bindung zu gleichen Teilen vorhanden sein sollen? Also die sexuelle Energie den gleichen Anteil haben sollte wie Herzenergie und Bindungsenergie? Oder muss das nicht unbedingt so sein?

Saleem: *Ich stelle mir das als ein Dreieck vor, bei dem jede Seite des Dreiecks eine dieser Qualitäten verkörpert. Dieses Dreieck ist stabiler, wenn alle drei Qualitäten in der Beziehung Platz haben.*
Allerdings würde ich nicht sagen, das muss immer genau ausgewogen sein, sondern im Gegenteil. Ich würde sogar sagen, für die meisten wäre es erstmal wichtig, jede dieser Qualitäten als eine eigenständige Qualität kennenzulernen und sie nicht mit den anderen zu verwechseln.
Also zum Beispiel: Wenn ich erotisch auf jemanden stehe, dann heißt das noch nicht, dass ich diese Person liebe oder umgekehrt. Wenn ich jemand liebe, heißt das noch nicht, dass ich auf diese Person erotisch abfahre.
Das ist für manche schon beängstigend, diese Vorstellung, dass das ganz verschiedene Dimensionen sind und dass man diese voneinander trennen kann.
Manchmal wird das auch vorgeworfen, wenn jemand diese Dimensionen trennt. Darf man das? Aber es sind erstmal verschiedene Qualitäten, so wie wir Arme und Beine haben. Die können verschiedene Dinge bewerkstelligen, aber natürlich sind sie durch einen gemeinsamen Körper miteinander verbunden.

Adriana: Das ist spannend, wie du das gerade sagst. Wenn wir zum Beispiel keine Arme hätten, sind wir doch immer noch ein Mensch. Natürlich ist es schöner, mit Armen zu leben als ohne, aber wir bleiben ein Mensch.
Und ja, ähnliche Dinge höre ich in meiner Arbeit manchmal auch, z.B. den Aspekt, den du gerade genannt hast: Wenn da Liebe ist, aber keine sexuelle

Anziehung, dann kann es keine richtige Liebe sein. Aber das stimmt eben nicht.

Sagtest du gerade, es kann Liebe da sein, auch wenn keine sexuelle Energie da ist? Und umgekehrt? Ich denke nämlich manchmal auch so: Wenn so viel sexuelle Energie da ist, muss doch auch Liebe im Spiel sein.

Saleem: *Genau, so denken wir. Aber stimmt es auch?*

Adriana: Das ist im Grunde schon spannend genug, aber noch spannender wird es an der Stelle, wo wir denken: Wenn wir jemanden lieben, müssen wir doch auch eine Beziehung eingehen wollen!

Saleem: *Und eine Beziehung zu wollen heißt, eine Bindung zu wollen. Spätestens wenn Leute erzählen, sie haben verschiedene Partner – und das heißt, sie binden sich auch an verschiedene Partner – sagen die meisten Menschen: Das hat doch Grenzen. Wir können nicht mit jedem Menschen eine Beziehung haben! Das stimmt natürlich, da kommen wir zeitlich an Grenzen.*
Aber auf der Ebene der Liebe können wir durchaus eine ganze Menge Menschen lieben, ohne dass wir viel Zeit mit ihnen verbringen. In meinem Verständnis von Liebe können wir unser Herz für eine Person öffnen, sodass wir sie annehmen können, wie sie ist, aber nicht unbedingt Zeit mit ihr verbringen.

Es kann eine kurze Begegnung sein, kann ein Augenkontakt sein, der voller Liebe ist, aber da ist möglicherweise noch keine Bindung im Spiel. Das heißt, nach diesem Augenkontakt gehe ich weiter und lasse diese Person wieder los. Das Bedürfnis nach Bindung, nach Zuverlässigkeit, nach "wir gehören zusammen" ist von der Qualität her was anderes als das, was ich als Liebe bezeichnen würde.
Es ist spannend und aufschlussreich, das zu differenzieren. Ich glaube, dass es für viele schwer zu begreifen ist, dass viel Liebe fließen kann und

vielleicht auch große sexuelle Attraktion vorhanden ist, aber kein Wunsch sich zu binden oder keine "Energie" sich zu binden.

Adriana: Das ist richtig was Verrücktes, nicht wahr?

Saleem: *Es kann natürlich auch sein, dass Ängste mit ins Spiel kommen. Es ist nicht immer eine reife Entscheidung zu sagen, ich binde mich nicht, sondern manche haben so viel Angst vor einer Bindung, dass sie sich darauf nicht einlassen können oder umgekehrt. Wenn es z.B. einen Mangel an Bindung gibt, dann will ich sofort eine Beziehung, sobald irgendein erotischer Prickel im Spiel ist, obwohl das noch gar nicht angesagt ist mit der Person, obwohl ich mich mit der Person im Alltag wahrscheinlich ständig streiten würde.*

Die Kernthese, die in diesem Satz, den du zitiert hast, zum Ausdruck kommt, ist die, dass es sich lohnt, die drei Qualitäten als eigenständige zu erkennen, zu erforschen und dann zu schauen, welche individuelle Verbindung der drei Qualitäten passt zu einem einzelnen Kontakt. Die können wir dann auch lernen zu gestalten.

Adriana: Sehr interessant. Wenn ich dich richtig verstehe, sagst du, dass es für erfüllende Beziehungen im Sinne von stabilen Paarbeziehungen schon gut wäre, wenn alle drei Schenkel dieses Dreiecks, Sex, Herz und Bindung, wenigstens einigermaßen ausgewogen sind. Verstehe ich dich richtig?

Saleem: *Ich finde es schwierig, für alle Partnerschaften eine allgemeingültige Idealvorstellung zu formulieren.*
Jede Partnerschaft ist anders. Ich würde nicht gerne allen Paaren sagen: Hier ist das Ideal, so geht's euch am besten, sondern eher dazu ermutigen sich zu fragen: Was sind die verschiedenen Qualitäten für mich, was bedeuten sie mir? In welchem Verhältnis stehen diese Qualitäten idealerweise zueinander, wenn ich selbst das wählen könnte? Aber dann kommt natürlich ins Spiel: Sieht meine Partnerin das auch so?

Da kommen wir vielleicht später nochmal drauf zurück. Wie gehen wir mit unterschiedlichen Bedürfnissen in Beziehungen um? Es ist ja keine Ausnahme, sondern eher die Regel, dass verschiedene Bedürfnisse ins Spiel kommen.

Es kann sein, dass für eine Beziehung Sexualität wahnsinnig wichtig ist und die Liebesqualität ist nicht so wichtig und Bindung vielleicht auch nicht so wichtig. Aber bei einer anderen ist Bindung das Entscheidende, wir gehören zusammen, wir gehen zusammen durchs Leben, ob wir jetzt viel Sex haben oder nicht, ist nicht entscheidend, wie weit wir uns lieben, ist vielleicht wichtig, aber nicht so wichtig wie dass wir fest gebunden sind.

Ich würde keine Wertung vornehmen wollen, wie es sein soll, sondern eher die Ermutigung aussprechen, immer wieder herauszufinden, was stimmt gerade für mich und was für dich?

Adriana: Ich stelle mir gerade dieses Dreieck vor und dass vielleicht zwei Menschen zusammenkommen, für die der Aspekt oder der Schenkel der Sexualität nicht so ausgeprägt ist, folglich auch nicht so wichtig. Dann passt das natürlich für die beiden, selbst wenn das Dreieck in sich nicht ausgewogen ist. So wie du das gerade darstellst, gibt es viele Möglichkeiten, wie es gut gehen kann. Dein Fokus, wie ich dich höre, liegt vielmehr darauf, das alles überhaupt erstmal zu differenzieren.

Saleem: *Ja genau, differenzieren heißt das Zauberwort. Und differenzieren heißt nicht, es zu trennen, das wird oft nicht verstanden.*

Ich plädiere nicht dafür, Sexualität völlig abgetrennt von Herz und Bindung zu leben, sondern eher dafür, sie als etwas Eigenständiges zu betrachten. Ich kann Sex für sich genommen leben, das ist meiner Ansicht nicht verwerflich. Aber natürlich gibt es auch ein Bedürfnis nach Ganzheit, dass sich alles in uns integriert anfühlt.

Das heißt aber nicht unbedingt, dass es genau ausgewogen ist, und kann sich auch im Laufe der Beziehung ändern.

Klassischerweise würde man sagen, dem Mann ist Sex wichtiger und der Frau die Liebe. Das ist inzwischen aber oft auch umgekehrt, das erlebe ich oft so. Erlebst du das auch so bei Paaren, die zu dir kommen, dass es manchmal genau umgekehrt ist?

Adriana: Ja, es ist mal so, mal so. Immer wieder anders.

Saleem: *Meistens ist es nicht im Fokus, dass Bindung eine eigenständige Dimension ist, die nicht über Sex und Liebe von vornherein mitdefiniert ist. Oft geht nochmal eine neue Tür auf, wenn Menschen merken, aha, das können wir bewusst gestalten, das Maß an Bindung und wie weit wir zusammen gehören. Wie viel Freiheit lassen wir uns? Das ist nicht unbedingt ein Gradmesser dafür, wie sehr wir uns lieben.*
Viele denken, Liebe sei ein Ausdruck von Freiheit. Oder sie denken, die Einschränkung von Begegnungsmöglichkeiten sei ein Ausdruck von Liebe, also je mehr du mich liebst, desto weniger willst oder brauchst du jemanden anderen. Aber dabei geht es nicht um Liebe, sondern um Bindung. Du bist vielleicht mehr an mich gebunden, wenn du keinen anderen lieben darfst, aber letztlich bleibt der Zusammenhang oft unbewusst.
Wir sind meiner Ansicht nach noch selten in der Lage, Bindung als eigene Qualität zu erleben, zu entdecken, zu erforschen und uns dann mit unserem Partner, mit unserer Partnerin, offen darüber auszutauschen.

Adriana: Danke dir. Ich gehe mal davon aus, dass, wenn ich mit deiner Antwort zufrieden bin, es für die Zuhörer vielleicht ähnlich sein könnte, und würde gerne zur nächsten These übergehen. Einverstanden?

Saleem: *Ja, gut.*

2. Bedingungslose Liebe

Bedingungslose Liebe kann nicht gefordert werden, denn sie ist im Grunde ein Widerspruch in sich selbst.

Adriana: So oder ähnlich hast du das immer wieder formuliert und für mich macht das Sinn. Trotzdem würde ich gerne ein bisschen mehr dazu hören. Ich glaube, der Wunsch, bedingungslos geliebt zu werden, ist in vielen von uns lebendig. Häufig haben wir von unseren Eltern keine bedingungslose Liebe erfahren und gehen raus in die Welt und wollen jemanden treffen, der uns jetzt endlich so liebt und annimmt, wie wir sind. Kannst du darüber etwas sagen?

Saleem: *Ja gerne. Das Bedürfnis als solches ist natürlich nachvollziehbar. Das kenne ich auch gut von mir. Natürlich sehnen wir uns wahrscheinlich alle mehr oder weniger danach, dass uns jemand so sein lässt, wie wir sind, uns annimmt mit all unseren Macken, mit unseren Stärken und unseren Schwächen, und uns die Botschaft gibt, so wie du bist, bist du okay.*
Gegen dieses Bedürfnis ist überhaupt nichts einzuwenden. Im Gegenteil, es geht darum es als unser Bedürfnis anzuerkennen.
Oft zeigt sich es aber in einer Weise, dass wir unserem Partner vorwerfen, wenn er uns nicht vollumfänglich annimmt. Darin steckt die implizierte For-derung, dass du dafür zuständig bist, mich bedingungslos anzunehmen. Da wird es dann schwierig, insbesondere, weil uns nicht bewusst ist, dass wir damit den anderen auch nicht bedingungslos annehmen.
Das ist der berühmte Beziehungs-"Koan": Ich liebe dich bedingungslos, so wie du bist, wenn du mich bedingungslos liebst, wie ich bin. Uns ist selten bewusst, dass da das Wörtchen "Wenn" drinsteckt, also dass unser Wunsch selbst zur Bedingung wird.
Wir sabotieren eigentlich in dem Moment selbst, was wir uns wünschen. Oder andersrum gesagt, echte Bedingungslosigkeit würde sich auch auf unsere Bedingtheit beziehen.

Wenn ich dich wirklich bedingungslos annehme, dann nehme ich dich auch damit an, dass du eben Bedingungen hast. Sonst würde ich diese Seite von dir nicht annehmen. Es ist eine Paradoxie, die nicht auflösbar ist.

In dem Moment, wo uns das bewusst wird, können wir lernen, uns wirklich mehr anzunehmen und auch die eigenen Begrenzungen anzuerkennen, z.B. dass wir manche Seiten von unserem Partner partout nicht leiden können und dass unser Partner oder unsere Partnerin oft anders ist, als wir uns das vorstellen.
Dann können wir gemeinsam einen Weg finden, wie wir damit umgehen, anstatt uns das gegenseitig vorzuwerfen.

Adriana: Es ist spannend, dir zuzuhören. Ich blicke parallel auch immer zu dem, was ich von meinen Klienten höre. Was ich häufig höre, ist: Ich bin halt nun mal so! Du musst mich so akzeptieren und wenn du Bedingungen an mich stellst, dann kannst du es gleich vergessen. Du musst mich nehmen, wie ich bin.

Saleem, du bist ja Lehrer der Kunst des Seins und ein Aspekt, den ich von dir gelernt habe, besteht darin, erst einmal das anzunehmen, was da ist. Und nicht die Sache, die da ist, anders haben zu wollen, als sie ist.
Heißt das denn, ich muss dich so akzeptieren, wie du bist und da lässt sich nun mal nichts machen, weil du halt so bist, wie du bist?
Ist das nicht auch ein Totschlag-Argument, auf dem man sich dann ausruhen kann? Ja, ich bin halt so – und dann brauche ich nichts machen. Sind wir nicht auch irgendwie alle da, um zu wachsen und zu lernen?
In dieser Diskussion befinden sich häufig Paare, die zu mir kommen. Ich weiß nicht, ob das den Punkt trifft, den du meintest, aber es kommt mir gerade in den Sinn.

Saleem: *Wenn du sagst, etwas nicht anders haben wollen, stoßen wir auch auf eine Paradoxie, denn witzigerweise ist das Anders-haben-wollen selbst auch etwas, was da ist. Dieser Wunsch, als Wunsch, ist da. Ich hätte gern, dass du anders bist, ich hätte es gern genau so! Dieser Wunsch ist auch etwas, was ist.*

Wenn ich dich nicht anders haben wollen darf, dann gehe ich gegen etwas in mir vor, was da ist, allerdings nicht als etwas, was ich konkret erlebe, sondern als etwas, was ich mir wünsche.

So merken wir sehr schnell, dass wir in uns in einer Paradoxie wiederfinden und aus dieser Nummer nicht so leicht herauskommen, dass ich möglicherweise etwas anderes möchte als du.

Aber wir können lernen damit umzugehen, auch mit der Unvereinbarkeit mancher Bedürfnisse, und diese Tatsache erstmal anerkennen. Aha, so ist das!

Ein klassisches Beispiel wäre, der eine möchte eine offene Beziehung, der andere möchte Exklusivität, was machen wir jetzt damit?

Darauf kommen wir am besten später zurück, denn es handelt sich um eines der brisantesten Themen. Aber es geht ja schon viel früher los, z.B. bei verschiedenen sexuellen Bedürfnissen. Wie kann ich annehmen, dass unterschiedliche Bedürfnisse vorhanden sind und dass mein Partner nicht jeden meiner Wünsche oder jede meiner Eigenarten mag oder auch nur wird annehmen wollen? Dann bin ich gefordert, mich erstmal selbst damit anzunehmen,

Dann kommt auch noch eine weitere wichtige Frage ins Spiel, die nach der Selbstliebe. Wie kann ich mich selbst damit annehmen, dass ich mich manchmal eben nicht annehme? So geht das immer weiter in diesem Prozess.

Adriana: Ja. Das bedeutet also auch im Sinne erfüllender Beziehungen diesen Anspruch auf bedingungslose Liebe bewusst auf dem Schirm zu haben und dass sie möglicherweise eine Utopie sein könnte. Dass wir immer wieder Momente werden aushalten müssen, wenn Bedürfnisse sich gegenüberstehen und nicht vereinbar sind.

Dieses Spannungsfeld haben wir beide zu tragen oder sind gefordert, es auszuhalten.

Saleem: *Wobei es gar nicht unbedingt die Bedürfnisse sein müssen, die verschieden sind, sondern manchmal das, was ich Strategien zu deren Erfüllung nennen würde. Wenn wir nach den echten Bedürfnissen fragen, begeben wir uns auf eine tiefere Ebene, wo wir uns eher wieder treffen können.*
Zum Beispiel das Bedürfnis, bedingungslos angenommen zu werden, das werden die meisten Menschen unterschreiben können. Aber für den einen heißt das, du fährst mit mir in den Urlaub, wo ich hin will, und für den anderen heißt das, du lässt mich frei, dahin zu fahren, wohin ich will. Die Bedürfnisse da drunter sind vielleicht gar nicht so unterschiedlich, wie es zunächst aussieht.

Adriana:
Das Bedürfnis selbst ist das eine, aber die Art, wie wir es erreichen wollen, ist das andere und in der Art, wie wir es erreichen wollen, liegt möglicherweise viel Spielraum. Ja gut, ich danke dir. Ich gehe über zur nächsten Frage.

3. Verantwortung für die Liebe

Wir sind mehr dafür verantwortlich, ob und wen wir lieben, als ob und von wem wir geliebt werden.

Adriana: Ich finde ich den Satz sehr schön. Die Fixierung auf "Ich will von dieser oder jener Person geliebt werden und wie schrecklich, wenn diese Person mich nicht liebt", trübt manchmal den Blick für die Möglichkeiten, die wir persönlich haben, in die Welt hinauszugehen und unsere Liebe zu leben. Als wenn wir unsere Liebe nicht leben könnten, nur weil diese eine Person, die wir uns auserkoren haben, uns halt nicht liebt. Fällt dir noch mehr dazu ein?

Saleem: *Das ist wahrscheinlich eines der verletzlichsten Themen in Beziehungen. Das Bedürfnis geliebt zu werden ist überhaupt nicht ehrenrührig, ganz im Gegenteil. Natürlich möchten wir geliebt werden und sehnen uns danach. Doch wenn wir dafür mehr Verantwortung übernehmen als dafür, dass wir selbst lieben, dann führt das dazu, dass wir uns anpassen, dass wir uns verbiegen, dass wir es unserem Partner recht machen.*
Meistens hat das nicht zur Folge, dass wir mehr geliebt werden, sondern sogar eher weniger, weil unser Partner uns dann nämlich weniger in unserer Eigenart spüren kann.
Selbst wenn unser Partner oder unsere Partnerin uns so annimmt, wie wir uns Mühe geben, zu sein, um es recht zu machen, dann haben wir schnell das Gefühl, dass diese Liebe gar nicht so richtig mir gilt, weil ich ja eigentlich ganz anders wäre.
Auf dem Weg der Anpassung wird das Bedürfnis geliebt zu werden nicht wirklich gestillt, da wir ja merken, dass die Liebe weniger uns selbst gilt als unserer Anpassungsleistung.

Adriana: So ist das, ja. Einer der Sätze, die ich dazu mal gelesen habe, lautet: Das Problem mit konstruierter Liebe ist, dass sie konstruiert ist.

Saleem: *Ja, so kann man das auch ausdrücken. Ich denke, es hat entscheidend auch etwas mit erwachsen werden zu tun. Als Kind sind wir davon abhängig, dass wir angenommen werden und dass auf unsere Bedürfnisse eingegangen wird. Wir lernen alle mehr oder weniger schmerzhaft, dass das nicht immer der Fall ist und wir lernen, dass wir teilweise lebenswichtige Bedürfnisse nur erfüllt bekommen, wenn wir uns anpassen.*

Das heißt, wir lernen dafür Verantwortung zu übernehmen, es unseren Eltern recht zu machen. Das ist auch sinnvoll, im Sinne einer Überlebensstrategie.

Als Erwachsene machen wir das aber teilweise immer noch, auch wenn wir es gar nicht mehr nötig hätten und uns auch selbst Bestätigung geben könnten. Okay, ich habe bestimmte Vorlieben, die mag mein Partner nicht, aber das muss kein Drama sein. Ich kann lernen, mich damit anzunehmen und muss nicht unbedingt von meinem Partner dafür geliebt werden. Ich kann lernen, das besser auszuhalten, und mich stattdessen darum kümmern, meinen Partner oder meine Partnerin mit ihren Eigenheiten mehr wertzuschätzen und lieben zu lernen. Die Fähigkeit, jemanden anderen in mein Herz zu schließen oder mein Herz für sie zu öffnen, das ist etwas, was ich tatsächlich in mir selbst entwickeln kann. Ob jemand anders mich liebt, ist erstmal mal – grob gesagt – sein oder ihr Business. Wenn ich darauf Einfluss nehmen will, gerate ich leicht in die Versuchung, zu manipulieren oder eben mich anzupassen.

Deswegen also diese These: Es lohnt sich mehr, sich um die eigene Liebe zu kümmern, also um die eigene Liebesfähigkeit, als darum, geliebt zu werden.

Adriana: Es geht also um die eigene Liebesfähigkeit im Sinne der Liebe, die ich meinem Partner entgegenbringe, aber auch der Liebe, die ich mir selbst entgegenbringe.

Wenn wir die Strategien aufgeben, mit denen wir früher an Liebe gekommen sind, gehen wir ein gewisses Risiko ein. Wir wissen nicht, was passiert, wenn wir uns zeigen, wie wir sind. Und wenn wir dann nicht geliebt werden, denken wir: Siehst du, wenn ich bin, der ich wirklich bin, kriege ich diese oder jene unangenehme Antwort. Dabei übersehen wir oft, dass uns anzupassen oder uns zu verstellen, auch nicht dazu führt, uns in der Tiefe geliebt zu fühlen. Wir werden irgendwann das Risiko eingehen müssen, uns zu zeigen, wenn wir uns gemeint fühlen wollen.

Saleem: *Ja, genau. Letztlich geht es dann auch um die Fähigkeit, uns selbst zu bestätigen an den Stellen, wo wir von außen keine Bestätigung bekommen. Insofern sind die Entwicklung von Selbstliebe und Liebe, sagen wir mal so, zwei Flügel, die wir beide brauchen, um fliegen zu lernen. Einer allein reicht nicht.*

Oft ist es ein Wechselprozess. Ich würde nicht sagen, das eine kommt vor dem anderen, aber es geht miteinander einher. Oft ist es so, wenn wir an jemandem etwas nicht leiden können:
Wenn wir genauer hinschauen, ist es gar nicht entscheidend, dass wir nicht leiden können, was er oder sie macht, sondern, dass wir nicht leiden können, was wir selber dabei fühlen, wenn die Person macht, was sie macht.
Wenn wir den Fokus darauf lenken und merken, aha, okay, ich könnte mich zum Beispiel mehr mit meiner Trauer, mit meiner Enttäuschung, mit meiner Sehnsucht oder mit was auch immer beschäftigen, was in mir ausgelöst wird, wenn meine Partnerin oder mein Partner macht, was sie macht.
Das finden wir meistens erstmal nicht so toll. Wenn ich mich aber dem Gefühl in mir liebevoll zuwende, kann mir das viel mehr Freiheit geben, meine Partnerin so sein zu lassen, wie sie ist. Ich kann sie natürlich bitten, dass sie es anders macht, aber ohne, dass ich es fordern muss oder mich davon abhängig mache.

Adriana: Das heißt, je mehr Gefühle wir aushalten können, sowohl die des anderen als auch unsere eigenen, desto mehr Freiraum entsteht für die Liebe?

Saleem: *Ja, genau.*

Adriana: Was mir sehr gut gefällt, ist das Bild von den zwei Flügeln.

Demnach muss die Selbstliebe nicht unbedingt zuerst vorhanden sein, bevor du dich als liebesfähiger Mensch erweist. Viele sagen ja, solange du dich selbst nicht liebst, brauchst du gar nicht erst anfangen in Beziehung zu gehen.

Ich halte das für einen Schmarrn. Ich glaube, dass wir auch lieben können, wenn wir uns selbst noch nicht zu hundert Prozent lieben. Das ist ein Wechselprozess, genau wie du es beschrieben hast, es muss nicht erst der eine Flügel voll ausgebildet werden, bis wir den anderen benutzen können. Im Gegenteil, das wäre eher ein bisschen schief.

Saleem: *Sehr schief sogar. Ich würde sagen: Lieben ist die Bereitschaft lieben zu lernen. Es ist kein fertiges Produkt, keine fertige Fähigkeit. So, jetzt kann ich lieben, jetzt gehe ich raus und liebe. Nein. Ich komme in jeder Begegnung neu an meine Grenzen.*

Dann ist die Frage, bin ich bereit, an der Stelle innezuhalten, zu lernen, zu schauen, was kann ich in mir und im Anderen noch nicht annehmen? Wie kann ich mich dahingehend weiter entwickeln?

Oder ob ich sage, nee, dann suche ich mir halt einen anderen Partner, der so ist, wie ich mir das vorstelle. Das macht man dann ein paar Mal. Die meisten Menschen merken irgendwann, dass das nicht funktioniert. Sie müssten permanent den Partner wechseln oder sie resignieren. Oder wir fangen an zu lernen und machen uns auf den Weg der inneren Erforschung, um unsere Liebesfähigkeit zu entwickeln.

Adriana: Ja, sehr schön. Ich gehe wieder weiter.

4. Sehnsucht

Sehnsucht gibt eine Richtung an, aber kein Ziel. Ohne Raum für etwas Unbekanntes oder etwas, was wir nicht in genau dieser Weise erwarten, kommt es zu keiner echten Begegnung oder Beziehung.

Adriana: Erinnerst du dich an diesen Satz? Kommt er dir bekannt vor?

Saleem: *Ja. Ich erinnere mich. Auch das ist meiner Ansicht nach ein brisantes Thema, insbesondere für Menschen, die auf Partnersuche sind. Es gibt so manche Technik, sich einen Partner zu visualisieren, um ihn dann beim Universum zu bestellen und so weiter.*
Ich hätte gerne eine Partnerin, die so und so tickt, dann muss ich es mir noch ausreichend präzise vorstellen, und schon erscheint sie auf der Bildfläche. Solche sogenannt spirituellen Techniken sind dazu da, jemanden in unser Leben zu ziehen, wie es so schön heißt.
In gewissem Umfang funktioniert das sogar, das würde ich gar nicht bestreiten, und sich darüber klar zu werden, was wir uns wünschen und nach was wir uns sehnen, ist sicherlich auch von Vorteil. Also dass wir nicht blind durch die Gegend laufen und in irgendeine Beziehung reinstolpern, sondern uns ein Stück weit klar darüber werden, was wir uns eigentlich wünschen, nach was wir uns sehnen.

Bloß, was ich manchmal beobachte, ist folgendes: Manche sind so klar darin, wie ihr Traumpartner aussieht und welche Eigenschaften er hat, dass gar kein Platz mehr ist für jemanden, den sie noch nicht kennen. Ihren Traumpartner kennen sie in- und auswendig, nur wird leider jeder andere Mensch, den sie neu kennenlernen, dem notwendigerweise nicht zu 100 Prozent entsprechen können.
Es fehlt der Raum für das Unbekannte. Wenn wir so unterwegs sind, kommen wir immer wieder an den Punkt: Das habe ich mir jetzt aber anders vorgestellt.

Die Reaktion vom anderen, der so in das Leben eines anderen "gezogen" wird, sieht dann so aus: Hopsa, ist da überhaupt Raum für mich? Interessiert sich diese Person überhaupt für mich oder will sie nur ihre Lücke füllen, ihren Platzhalter, dessen Eigenschaften sie schon vollständig definiert hat? Nach dem Motto, hier ist ein Platz frei im Bett neben mir, ist alles schon gemacht, alles bereit. Ich weiß genau, wie der- oder diejenige drauf sein soll. Jetzt suche ich nur noch jemand, der da reinpasst.

Aus dieser Haltung entsteht keine wirkliche Begegnung, in der sich jemand gemeint fühlt und das Gefühl hat, hier ist jemand offen und neugierig genug, ihn kennenzulernen.

Eine solche Haltung steht dem oft im Wege, dass Paare zueinander finden, wenn nämlich die Wunschvorstellung keinen Raum lässt für Neues, für Überraschungen und vor allem auch für die Konfrontation mit unbekannten oder noch nicht angenommenen Seiten in uns selbst.

Adriana: Ja, wieder sehr spannend, was du da sagst. Ich habe ja nicht nur Paare in meiner Praxis, ich habe auch einzelne Menschen, die sich sehr stark nach einer Beziehung sehnen, aber so vorgehen, wie du es beschreibst: Also nee, sorry, wenn die Person nicht so oder so aussieht oder nicht wenigstens einen akademischen Titel vorweisen kann oder Manieren dieser oder jener Art hat, dann kommt sie überhaupt nicht in Frage. Ich glaube, wir alle haben Neigungen. Wir alle haben bestimmte Vorlieben, aber so stark daran festzuhalten ist in der Liebe manchmal tatsächlich eher hinderlich. Wenn kein Raum da ist für das Unerwartete und dafür, dass die Liebe einen jenseits unserer eigenen Konzepte trifft oder bereichert, dann wird der Raum ziemlich eng. Das erleben diese Menschen auch, sie sagen, der Raum ist eng, weil ihre Traumfrau eben so und so aussehen soll, diese Beine oder jene Haare haben soll oder so eine Sprache sprechen soll.

Saleem: *Das kann können solche Äußerlichkeiten sein, wie du sie gerade beschrieben hast, aber oft sind es auch gerade Menschen, die schon ein bisschen länger auf dem Weg von Bewusstheit oder Therapie oder was auch immer unterwegs sind und sich weiterentwickelt haben, die würden vielleicht nicht so platte Sachen sagen wie, sie muss unbedingt schwarz-haarig sein oder unbedingt einen Akademikertitel haben. Aber zum Beispiel eine gewisse Art von Bindungsbereitschaft, ein gewisses Maß an Verbind-lichkeit, Treue oder Freiheit anstreben. In diesem Bereich gibt es viele, die genaue Vorstellungen haben und wenn jemand nur andeutet, andere Vorlie-ben zu haben, dann heißt es gleich, nee, das ist nicht meins. Witzigerweise – vielleicht ist dir das auch schon aufgefallen – verlieben sich diese Kandi-datinnen aber immer wieder in solche Menschen, die einige dieser uner-wünschten Eigenschaften mitbringen. Leider ist das für die Betroffenen meistens weniger witzig.*

Es kann einem so vorkommen, als wenn eine höhere Intelligenz dahinter-steckt und sagt, nee, nee, es geht hier nicht darum, dir eins zu eins deinen Wunsch zu erfüllen, es geht auch darum, dass du Gelegenheit hast, dir im Spiegel deiner Partnerschaft deine Themen anzuschauen. Da drunter ma-chen wir es nicht. Man kann einen kosmischen Willen unterstellen, wenn man esoterisch unterwegs ist, man kann das aber auch einfach als eine spe-zifische Paardynamik sehen, die am Werk ist. Ich beobachte das jedenfalls immer wieder. Ich denke, dass dir das auch schon so begegnet ist, oder?

Adriana: Ja, das ist mir auch aufgefallen. Also zum einen am eigenen Leibe und zum anderen auch bei meinen Klienten und Klientinnen. Ich glaube, dass es dabei auch darum geht, dass wir unsere Konzepte manchmal im Ver-such aufrechterhalten, Schmerz zu vermeiden. Weil wir uns mit bestimmten Themen wie dem Schmerz, wenn Untreue geschieht, oder wenn wir nicht die Einzige sind oder wir doch nicht diese bedingungslose Liebe bekommen, die allein uns gilt, einfach nicht auseinandersetzen wollen.
Einerseits ist es so, dass die Liebe uns einlädt, weiter zu werden und größer zu werden und über uns hinaus zu wachsen; und andererseits ist diese Stre-bung da, bloß diesen Schmerz nicht zu fühlen.

Saleem: *Ja genau.*

5. Intimität

Intimität entsteht nicht durch symbiotische Verschmelzung, sondern durch Neugier und Offenheit für das Unbekannte, noch nicht Erfahrene und noch nicht Gewusste.

Adriana: In dieser These schwingt etwas von dem mit, was wir gerade besprochen haben, oder?

Saleem: *Genau. Was wir gerade besprochen haben, betrifft eher die Situation, wenn ich keinen Partner habe und mich danach sehne, und den Prozess, der bereits als Single einsetzen kann, mich nämlich für das Unbekannte zu öffnen, für einen Menschen, den ich noch nicht kenne und der mich hier oder da herausfordert.*
Was du jetzt erwähnst, bezieht sich mehr auf Menschen, die schon zusammen sind. Es gibt oft eine Phase, in der wir das erleben, was wir symbiotische Verschmelzung nennen können, und in der wir in einer Blase schwimmen von: Aha, jetzt habe ich endlich die oder den Richtigen gefunden und alles ist wunderbar! Alles andere, was in diese Vorstellung nicht reinpasst, blende ich erstmal aus.

Bekanntermaßen hört diese Phase irgendwann auf und dann ist es – glaube ich – wesentlich, dass wir nicht versuchen, die Symbiose immer wieder neu herzustellen.
Das führt nämlich zu einer Dynamik des kleinsten gemeinsamen Nenners. Alles, bei dem wir nicht die gleichen Bedürfnisse haben, wird aus der Kommunikation ausgeschlossen, wir beziehen nur noch das mit ein, was wir gerne gemeinsam machen. Wenn das immer weniger wird – und das wird eben oft immer weniger – wird es eng und man kann nur noch wenig miteinander teilen. Meistens ist das in der Sexualität der Fall.
Wenn sie signalisiert, hm, da stehe ich jetzt nicht so drauf, dann sagt er, na gut, dann lassen wir das eben. Dann kommt er mit etwas, das gefällt ihr

wieder nicht, und am Ende wird der Spielraum im Bett – oder wo auch immer wir Sex haben könnten – immer kleiner.

Was dabei nicht passiert – und das könnte interessant werden – ist folgendes: Ich könnte mich einer Vorliebe von dir zuzuwenden, auch wenn ich erstmal denke, das ist ein bisschen strange. Aber gut, du stehst da drauf, lass uns damit experimentieren. Vorausgesetzt, ich respektiere meine Grenzen, da kommen wir hoffentlich später noch dazu, Grenzen sind ein wichtiges Thema. Also mit Respekt für meine eigenen Grenzen könnte ich sagen, okay, ich lasse mich ein Stück weit auf etwas ein, was ich noch nicht kenne, wo ich zunächst skeptisch bin, vielleicht auch unbehagliche Gefühle habe. Wenn ich mich damit zeige, also nicht so tue, als wäre dem nicht so, mich aber gleichzeitig darauf einlasse, dann entsteht manchmal Erstaunliches. Meine Partnerin merkt vielleicht, ich tue das jetzt ein Stück weit ihr zuliebe, aber nicht im Sinne von Dienst nach Vorschrift, sondern ich lasse mich wirklich auf deine Welt ein und lerne dich darin neu kennen.

Daraus kann eine ganz besondere Art von Intimität entstehen, eben gerade dadurch, dass wir nicht genau übereinstimmen, aber bereit sind, uns in unserer Verschiedenheit zu begegnen, und uns offen zu zeigen, uns verletzlich zu machen, und eventuelle Irritationen mitzuteilen.

Das hat eine süße Qualität, die gar nicht zum Zuge kommen kann, wenn wir immer nur denken, Intimität hieße, ein Herz und eine Seele zu sein und immer das Gleiche zu wollen.

Adriana: Schon wieder sehr spannend, was du sagst. Ich könnte mir vorstellen, dass es ein paar Hörer gibt, die sagen könnten, vielleicht er zu ihr: Siehst du? Hörst du ihn? Du sollst dich für meine Vorlieben oder meine Fantasien öffnen. Und sie wird antworten: Nein, DU hast ihn nicht gehört, ich darf auch da sein mit meiner Scheu oder meiner Zurückhaltung oder damit, nicht so ein Faible zu haben für diese Praktik oder jene Idee oder die Fantasie, die du hast.

Ich glaube, eines der schwierigen Dinge ist, den heiklen Moment der Scham oder auch des peinlichen Berührtseins auszuhalten, wenn man sich mit etwas zeigt, was vielleicht beim anderen nicht so wahnsinnig gut ankommt, und nicht sofort den Schwanz einzuziehen und zu sagen, nein, wenn der andere nicht sofort Gefallen daran findet, dann lassen wir das lieber, sondern in gewisser Weise stehen zu bleiben in dem Bewusstsein, ja, ich habe dir etwas zugemutet. Da bin ich mit meinen Vorlieben. Und dann erstmal atmen. Es wäre hilfreich für beide Seiten, diese Atemräume zu nutzen und zu sagen, okay, ich sehe dich mit etwas, was mir unvertraut ist, was mir vielleicht Angst macht, was mich vielleicht ekelt, was vielleicht Scheu auslöst. Also diesen Moment überhaupt mal auszuhalten, anstatt etwas anderes zu fordern, denn das hieße, diesen Moment zu übergehen. Um diesen wahnsinnig spannenden Moment nicht zu übergehen, braucht es zum einen Neugier, wie du sagst, und zum anderen ganz viel Mut.

Saleem: *Ja, wobei Mut nicht unbedingt im Sinne von "Ich mache das jetzt einfach", sondern Mut im Sinne von erstmal innehalten.*

Adriana: Nicht einen Mut á la Augen zu und durch, sondern Mut mit Augen auf und atmen.

Saleem: *Was du zuvor gesagt hast, war ein gutes Beispiel, wie man das natürlich auch wieder verdrehen kann im Sinne von: Ja, jetzt lass dich doch einfach mal drauf ein! Ich denke, ein Gradmesser, wie wir mehr Intimität finden können, ist der, wie verletzlich wir uns machen. Wann immer wir merken, wir fangen an Druck auszuüben oder uns zu verschließen, könnten wir uns erinnern: Das wird kaum nicht zu mehr Intimität führen.*

Manchmal ist auch gar nicht das, was wir wollen, manchmal wollen wir weniger Intimität. Dann wäre es genau das Richtige. Dann können wir sagen: ich brauche mehr Abstand, ich brauche meinen Raum. Wenn das offen kommuniziert wird, kann sogar der Wunsch nach Abstand eine eigene Art von Verbindung schaffen, einfach weil es wahrhaftig ist. Wenn wir jedoch sagen, so, jetzt lass mich endlich in Ruhe, ich brauche meinen Space und so weiter, dann wird das eher nicht geschehen. Stattdessen könnten wir näher in uns hinein spüren und bemerken, dass wir uns eigentlich von unseren eigenen Gefühlen abschneiden. Da ist es naheliegend, dass dadurch auch die Verbindung zu unserer Partnerin nicht unbedingt näher, verbundener oder nährender wird.

Adriana: Da fällt mir wieder unser Titel ein, erfüllende Beziehungen. Ein Aspekt könnte einfach der sein, diesen schambesetzten, scheuen Momenten, diesem Fluten von Hitzewellen oder von Enge oder was immer da in uns entsteht, ein bisschen mehr Raum zu geben, innezuhalten und neugierig auf diese Momente zu werden, in mir selbst und im Anderen.

Saleem: *Genau. Diese Bereitschaft ist oft die Eintrittskarte zu Intimität, die Bereitschaft nicht zu wissen. Ich komme an innere Orte oder auch an einen Ort mit meiner Partnerin, wo ich nicht weiter weiß. Wenn ich dann zur Verfügung habe: hey Liebste, ich weiß gerade nicht weiter, lass uns mal schauen, was wir da machen. Und sie würde sagen, ja ich weiß auch nicht weiter ... das ist etwas, worüber manche denken, es sei der Super-GAU. Und ich würde sagen, es ist ein Supergeschenk, wenn beide in der Lage sind, an dieser Stelle innezuhalten, um dann suchend und forschend miteinander zu schauen, ja, was machen wir jetzt weiter damit, anstatt sich Vorwürfe zu machen oder sich gegenseitig verantwortlich zu machen oder sich innerlich oder äußerlich davon zu stehlen.*

Sich dieser Situation zu stellen, lohnt sich, daraus entsteht aus meiner Sicht Kreativität. Wir können schier nicht anders, als etwas Neues zu entdecken, indem wir innehalten und schauen, was sich entwickelt.

Das kann enorm erfüllend sein. Ich erlebe immer wieder, wie erfüllend das sein kann. Ich sage manchmal, auch schlechter Sex kann erfüllend sein, gerade wenn er diese Qualität bekommt. Wenn meine Partnerin sagt, hm, da habe ich gerade nicht so viel Lust drauf ... oft denken wir dann, oh Scheiße, ich habe etwas falsch gemacht oder wie mache ich es ihr jetzt recht oder ich steige in irgendwelche Wortgefechte ein und sage, dann brechen wir's halt ab, ich mache es dir sowieso nie recht ... Wenn ich an dieser Stelle stattdessen neugierig werde, okay, du hast gerade nicht so viel Lust, jetzt weiß ich auch nicht weiter, was können wir denn da machen?

Manchmal kann ich lachen über solche Situationen, sie scheinen absurd, aber aus ihnen entsteht vielleicht eine neue Art von Verbindung. Sie entsteht dadurch, dass wir in Anführungsstrichen "scheitern". Dadurch, dass nicht alles glatt läuft, dass nicht alle Bedürfnisse sofort bedient werden, sondern dass es Brüche gibt, dass es Enttäuschung gibt und wir uns genau darin begegnen.
Das möchte ich ermutigen, die Süße, die darin liegt, auch wenn sie manch- mal eine bittere Note hat, so wie Zartbitterschokolade. Die mag ich ehrlich gesagt viel lieber als diese pappsüßen Geschichten.

Adriana: Ist auch viel bekömmlicher. Hebt den glykämischen Index nicht so sehr an …

6. Grenzen, Wünsche und Vorlieben

Individuelle Grenzen sind – im Unterschied zu Wünschen und Vorlieben – nicht verhandelbar. Erwartungen hingegen sind weder Grenzen noch Wünsche, sondern Sargnägel einer Beziehung.

Adriana: Erwartungen sind Sargnägel, das musst du genauer erklären.

Saleem: *Ja, das betrifft den Unterschied von Erwartungen gegenüber Thema Wünschen und Grenzen. Ich habe neulich etwas gelesen, das dazu passt: Zwei Menschen begegnen sich voller Wünsche und Sehnsüchte und schwelgen im siebten Himmel. Dann gehen sie eine Beziehung ein und aus ihren Wünschen und Sehnsüchten werden Erwartungen. Damit ruinieren sie alles.*
Für viele Menschen ist es gar nicht so leicht, das zu differenzieren. Was ist denn nun der Unterschied? Es steckt eigentlich schon in dem Wort drin. Erwartung heißt, ich warte auf etwas, was mir von außen erfüllt wird. Oder vielleicht erwarte ich auch etwas von mir. Aber es ist etwas, bei dem ich die Verantwortung ein Stück weggebe.
Wünsche oder Sehnsüchte würde ich eher als etwas sehen, was in mir lebendig ist, was mich ausfüllt oder worin ich mich intensiv spüre.

Es kann fast unerträglich sein, bestimmte Sehnsüchte zu spüren, sie können richtig schmerzhaft sein, es kann weh tun. Aber ich kann die Verantwortung bei mir lassen. Okay, das ist mein Wunsch und meine Sehnsucht, das kann ich dir mitteilen und du kannst deine Antwort darauf geben, deine Resonanz, aber du bist nicht zuständig.
Erwartungen entstehen, wenn ich aus einer Sehnsucht eine Zuständigkeit ableite. Ich habe diesen oder jenen Wunsch und du bist zuständig ihn zu erfüllen.
Das passiert natürlich nicht so offensichtlich, dieser Schritt ist uns oft nicht bewusst, sondern er schleicht sich unterbewusst ein, z.B. dadurch, dass der Wunsch vielleicht ein paar Mal erfüllt wurde.

Eine Frau lässt sich auf bestimmte sexuelle Wünsche eines Mannes erstmal ein oder umgekehrt und es entsteht unterschwellig die Erwartung, dass es eine Wiederholung geben werde. Es hat doch "funktioniert". Wenn dann plötzlich einer sagt, nee, ich mag heute nicht, ja wie, was ist denn jetzt los?

Adriana: Du wolltest doch auch immer …

Saleem: *Aus dem Wunsch ist plötzlich eine Erwartung geworden, das müsse jetzt immer so weitergehen. Sobald ein Muss ins Spiel kommt, wird dieser meiner Ansicht nach zum Sargnagel.*
Das heißt, ich brauche immer wieder die Bereitschaft loszulassen und anzuerkennen, dass etwas einfach nur mein Wunsch ist und du ein freier Mensch bist, auch wenn wir vielleicht verheiratet sind oder eine feste Partnerschaft haben. Du bleibst ein freier Mensch, auch in der Hinsicht, ob du auf meine Wünsche eingehen willst oder nicht, ob du meine Sehnsüchte teilst oder nicht. Es ist für manche eine erschreckende Vorstellung, dass wir uns nie sicher sein können, dass wir zwar immer wieder dafür werben können, aber wir können unsere Erfüllung nicht einklagen.

Adriana: Meiner Erfahrung nach ist das eng verbunden mit der Angst, die Antwort nicht aushalten zu können. Ich persönlich habe erst lernen müssen zu bitten oder mir was zu wünschen, weil es unerträglich für mich gewesen wäre, wenn der andere sagt, nee, das möchte ich dir nicht erfüllen. Das wäre wie ein Weltuntergang gewesen. Und warum, warum hätte es sich nach einem Weltuntergang angefühlt? Weil es nicht in meinem täglichen Usus war. Ich bitte nicht. Ich wünsche nicht. Ich mache sowieso alles allein. Und WENN ich dann mal um etwas bitte oder wenn ich mir mal etwas wünsche, also Entschuldigung bitte, dann muss es positiv beantwortet werden. Das heißt, es gibt die Option gar nicht, dass der andere auf diesen angeblichen Wunsch oder die angebliche Bitte nein sagt. Diese Option gab es überhaupt nicht und folglich ist das schon eine Erwartung und der andere fühlt das auch als Erwartung.

Es ist sehr wichtig, klar zu haben, was eigentlich eine Erwartung ist. Darin gibt es nämlich keinen Raum für ein Nein. Dagegen muss ein Wunsch oder eine Bitte sowohl mit Ja als auch mit Nein beantwortet werden dürfen.

Saleem: *Genau.*

Adriana: Ich habe in deinen Kursen zunehmend gelernt, dass es in Ordnung ist, wenn jemand nein sagt und dass man das aushalten kann.

Saleem: *Ein entscheidender Punkt ist auch, wie wir Nein sagen, beziehungsweise dass wir einen Wunsch auch dann wertschätzen, wenn wir ihn nicht erfüllen wollen. Es klingt vielleicht ein bisschen komisch, wenn jemand sagt: wunderschöner Wunsch, den du da äußerst. Ich mag ihn aber gerade nicht erfüllen.*
Das ist nicht zynisch gemeint. Freundlich nein sagen zu können, ist – glaube ich – wesentlich für das Gelingen einer Partnerschaft. Meinem Partner sagen zu können, dass es eigentlich wunderschön ist, dass er so viel Sex mit mir will. Es ist echt ein Riesen-Geschenk.
Und ... ich mag nicht immer so viel Sex. Dass du das möchtest, ist überhaupt nichts Schlechtes. Stattdessen, weil viele Menschen Mühe haben nein zu sagen oder Mühe haben zu sagen: Du, mir ist grad nicht danach, machen sie ihren Partner schlecht: Du schon wieder mit deiner Sexsucht, jetzt kommst du schon wieder damit an ... und so weiter. Das Schmerzhafte ist oft weniger, dass wir auf unseren Wunsch ein nein als Antwort bekommen, sondern dass unser Wunsch als solcher schlecht gemacht wird und damit wir selbst, die diesen Wunsch haben.
Aus diesem Schmerz heraus bildet sich dann oft eine Fixierung. Unser Wunsch muss erfüllt unbedingt werden, weil wir glauben, nur so würde er als Wunsch anerkannt. Wenn jedoch ein Wunsch anerkannt wird, auch wenn er nicht erfüllt wird, kann das einen weiten Raum in einer Partnerschaft öffnen.

Adriana: Da spielen natürlich auch die jeweiligen Familienskripte eine Riesenrolle. In manchen Familien – jedenfalls in meiner Familie – war nein zu sagen ein Ausdruck davon nicht zu lieben. Wenn du liebst, dann sagst du ja, dann erfüllst du die Wünsche. Folglich muss der andere auch gut aufpassen, was er sich wünscht, sonst bringt er den anderen in die Lage, nein sagen zu müssen und folglich kein Liebender zu sein. Das macht den Raum ziemlich eng.

Was du gerade gesagt hast, war für mich in meinem Lernprozess einer der wesentlichen Dinge. Ah, ich höre dich mit deinem Wunsch. Schöner Wunsch. Ich möchte ihn aber nicht erfüllen. In meiner Familie hätte es geheißen: was für ein Scheißwunsch. Und es ist deswegen ein Scheißwunsch, weil ich ihn nicht mit Ja beantworten kann. So wird es dann echt gefährlich mit den Wünschen und Bitten.

Saleem: *Dazu kommt noch folgendes, was du bereits zu Anfang erwähnt hast, von wegen Grenzen, die nicht verhandelbar sind. Da wird oft etwas verwechselt nach dem Motto: Wenn du meinen Wunsch nicht erfüllst, dann respektierst du meine Grenze nicht.*

Das sind aber ganz verschiedene Dinge. Eine Grenze ist etwas, was zu meinen persönlichen Integritätsraum gehört, also zum Beispiel wie nah jemand mir kommen darf, das ist eine Grenze. Wenn ich dir signalisiere, dass ich nicht möchte, dass du näher als einen halben Meter an mich herankommst und du tust es dennoch, dann ist das eine Grenzverletzung und als solche nicht verhandelbar. Da ist es wichtig, dass ich sage: bis dahin und nicht weiter. Ich verlange von dir, dass du meine Grenze respektierst.

Wenn ich mir jedoch wünsche, dass du jeden Abend neben mir einschläfst, du aber tust das nicht, dann ist das keine Grenzverletzung, sondern ein unerfüllter Wunsch.

Manch einer versucht es mit Manipulation: Du verletzt meine Grenze, wenn du woanders schlafen willst und dein eigenes Bett brauchst. Ich brauche nämlich einen Partner, der neben mir schläft.

So dringend sich das im Einzelfall auch anfühlen mag, es handelt sich um einen Wunsch, eine Sehnsucht, ein Bedürfnis, aber nicht um eine Grenze.

Vielleicht ist es auch eine Forderung, dass der andere den Wunsch von mir erfüllt, aber immer noch keine Grenze.

Das alles auseinanderzuhalten, kann sehr herausfordernd sein, weil der Schmerz sich ähnlich anfühlen kann. Der Schmerz, dass der andere mehr Abstand braucht und ich keine Möglichkeit habe, mein Bedürfnis einzufordern oder gar einzuklagen, kann genauso wehtun, wie wenn meine Grenze verletzt wird, aber die Dynamik dahinter ist eine ganz andere.

Adriana: Wenn du das sagst, Grenzen seien nicht verhandelbar, weiß ich nicht genau, ob wir dasselbe darunter verstehen. Ich höre von dir, wenn einer eine Grenze setzt, muss sie akzeptiert werden im Sinne von hey, bis hierhin, komme mir bitte nicht näher, ja?

Der andere könnte aber doch sagen, okay ich höre dich, hier geht es für dich gerade nicht weiter. Aber ich stehe auf der anderen Seite und wünsche mir immer noch, ich könnte dir näherkommen. Daraufhin könnte der andere seine Grenze verschieben oder damit experimentieren, auf den Wunsch einzugehen. Das könnte wiederum so interpretiert werden, dass es also doch verhandelbar war. Verhandelbar hieße dann aber, ich kann meine Grenze immer wieder neu justieren, doch zuerst muss sie als solche akzeptiert werden. Meinst du das so?

Saleem: *Ja, danke für die Klarstellung. Also nicht verhandelbar heißt nicht, dass wir nicht darüber sprechen können. Es heißt, niemand hat ein Recht oder einen Anspruch darauf, dass ich meine Grenze verändere.*

Adriana: Genau. Ich kann mir bezüglich deiner Grenzen sehr wohl etwas wünschen und ich kann dich sehr wohl um etwas bitten, aber das bedeutet eben nicht, du müsstest das positiv beantworten. Aber möglicherweise ergibt sich dadurch eine Flexibilität oder eine andere Grenze, als zweiten Schritt nach deren Akzeptanz.

Saleem: *Grenzen sind möglicherweise flexibel und veränderbar. Verhandelbar hieße, ich gebe dir dieses und dafür machst du jenes. Davor würde ich warnen, also dass jemand seine Grenze aufgibt, weil er was anderes dafür bekommt. Das passiert ganz oft.*

Oft ist das der Grund, warum Menschen es zulassen, ihre eigenen Grenzen zu missachten, weil sie sich zum Beispiel erhoffen, dann mehr angenommen zu werden. Der andere verbringt vielleicht mehr Zeit mit mir, wenn ich mit ihm ins Bett gehe oder irgendwas mache, was ich eigentlich nicht will. Dann mache ich das und bekomme etwas dafür, ein Deal, der letztlich nicht heilsam ist.

Wenn solche Deals in Partnerschaften häufig gemacht werden, zerstört das meiner Ansicht nach die Vertrauensbasis. Weil ich mir nie sicher sein kann, dass, wenn ich eine Grenze dringend für mich brauche, diese auch respektiert wird, ohne dass ich dafür sanktioniert werde oder unter Druck gesetzt oder sonst etwas.

Was natürlich nicht heißt, dass der andere seinen Wunsch nicht beibehalten darf. Das würde ich nicht unter Druck setzen nennen. Wenn ich sage, nee, das möchte ich nicht, und der andere sagt, ich wünsche mir das aber so sehr, kannst du es dir nicht noch mal überlegen? Okay, das kann einen schon in Bedrängnis bringen, aber es ist noch keine Forderung oder keine Sanktion aus meiner Sicht.

Adriana: Ja, danke schön. Können wir zum nächsten Punkt übergehen?

Saleem: *Gerne.*

7. Erotische und sexuelle Vorlieben

In unseren erotischen Neigungen werden wir umso flexibler, je weniger wir gegen sie ankämpfen.

Adriana: Weniger Kampf führt zu mehr Flexibilität. Ist das so?

Saleem: *Mir fällt auf, dass viele von den Sätzen, die du herausgefischt hast, Paradoxien enthalten. Wahrscheinlich ist das kein Zufall.*
Meiner Ansicht nach ist das eines der Hauptgeheimnisse erfüllender Beziehungen, dass etwas nicht entweder so oder so ist, sondern dass wir es mit Widersprüchlichkeit zu tun haben. Und dazu gehört auch, dass das, was wir bekämpfen, oft wie Pech an uns klebt, doch auf das, was wir annehmen können, gewinnen wir an Einfluss und es wird beweglicher.
Gerade sexuelle Vorlieben sind oft mit einer paradoxen Dynamik verbunden. Was den einen total anmacht, kann beim anderen mit mehr oder weniger traumatischen Erfahrungen verbunden sein, aus denen heraus er oder sie sich nicht darauf einlassen kann oder will. Es ist sinnvoll, eine solche Grenze erstmal zu respektieren. Doch wenn wir dabei stehen bleiben und nicht dem auf die Spur kommen, was eigentlich so bedrohlich ist oder sogar Ekelimpulse auslöst, unterdrücken wir womöglich wesentliche Aspekte unserer Lebendigkeit. Wenn wir gleich sagen, nee, will ich nicht, geht gar nicht! und auf diese Weise versuchen, erotische Impulse des anderen zu neutralisieren, oder sogar den Partner dafür heruntermachen, weil er oder sie sich sowas überhaupt wünscht, dann wird der lustvolle Spielraum immer enger.
Ich habe das schon oft erlebt. In einem der letzten Kurse z.B. wurde eine Frau von einem Mann mit der Idee konfrontiert, sich fesseln zu lassen. Zuerst hat sie so reagiert: Never ever lasse ich mich fesseln! Das ist für mich eine Horrorvorstellung!
Doch dann hatte sie den Mut, ihre spontane Reaktion zu hinterfragen. Warum reagiere ich eigentlich so heftig auf diese Idee? Ich habe es noch nie erlebt, gefesselt zu werden. Warum es nicht probieren? Der Mann war sehr

verständnisvoll und bot ihr an: Hör zu, ich kenne mich damit aus, ich kann das sehr einfühlsam machen und du kannst jederzeit stopp sagen, dann löse ich die Fesseln sofort wieder. Wärst du bereit, dich darauf einzulassen? Plötzlich fing die Frau an, Gefallen an der Idee zu finden und zu erforschen, was es mit dem spontanen Nein auf sich hatte.

In der Erfahrung selbst ging es überraschender Weise gar nicht mehr darum, denn sie machte eine sehr beglückende Erfahrung und berichtete später, sie habe sich kaum jemals so intensiv hingeben können.

Wenn wir aufhören, gegen etwas zu kämpfen oder etwas strikt abzulehnen, sondern uns dafür öffnen, können wir wesentlich mehr Spielraum gewinnen. Doch wie gesagt, es ist wichtig, dass dies vollkommen freiwillig geschieht und nicht aus einem Druck heraus oder als Deal. Wenn Paare bei unterschiedlichen Neigungen nicht gleich aufgeben oder heikle Ideen aus der Kommunikation ausklammern, weil sie nicht bei beiden sofort auf Gegenliebe stoßen, kann das neue Spielräume eröffnen. Es wird wahrscheinlich immer wieder eine Herausforderung sein, sich darauf einzulassen, doch es kann sich lohnen.

Adriana: Was du beschreibst, betrifft den Fall, dass in einer Partnerschaft die eine Person eine Vorliebe hat, welche die andere Person nicht teilt, noch nicht kennengelernt hat oder nicht kennenlernen will. Wie siehst du das mit der Flexibilität und dem nicht dagegen ankämpfen, wenn einer der Partner zum Beispiel einen bestimmten Fetisch hat oder auf gewisse Praktiken fixiert ist?

Ich erlebe Menschen, die, wenn sie zum Beispiel in einer Pornosucht gefangen sind oder in einem Fetisch auf bestimmte Gegenstände oder so etwas, dass die wirklich darunter leiden. Natürlich fangen sie an, dagegen zu kämpfen. Wenn sie sich aber sagen: boah, ich muss davon weg, ich darf keine Pornos mehr gucken, dann wird der Sog natürlich, wie bei allem, was wir nicht dürfen, immer größer. Aber dem einfach weiterhin nachzugeben, bringt sie auch nicht weiter. Was fällt dir dazu ein?

Saleem: *Danke, das ist eine wichtige Ergänzung. Es verhält sich genau wie du es beschreibst. Wenn wir innerlich gegen etwas ankämpfen, kommen wir nicht dahinter, welches wichtige Bedürfnis sich zum Beispiel in einer Pornosucht ausdrückt? Was suche ich da eigentlich? Auch wenn ich die Sucht rigoros zurückweise, gibt es immer noch eine tiefe Kraft in mir, die nach etwas sucht und bisher keinen anderen Weg gefunden hat, als Pornos zu gucken.*

Wenn ich dem Bedürfnis aber auf die Spur komme, also was es ist, was mich daran so reizt, komme ich vielleicht weiter. Vielleicht geht es um Abenteuer oder Aufregung. Vielleicht ist es Aufregung gepaart mit Sicherheit, denn wenn ich einen Porno gucke, kann mir nicht viel passieren. Das Aufregende passiert nur auf dem Bildschirm. Da kann die Partnerin oder der Partner nicht plötzlich sagen: Jetzt mach du mal! Das wünsche ich mir jetzt von dir. Wenn eine solche Suche nach erotischen Prickel, gepaart mit einer Basis von Sicherheit, von Angenommen sein, dahintersteckt, kann ich mich auf die Suche machen: Wie kann ich das Bedürfnis vielleicht auch in realen Begegnungen oder in meine Beziehung mit einbringen? Womöglich lockert sich dann die Sucht oder Fixierung auf Porno.

Wenn ich einfach dagegen kämpfe, schütte ich das Kind mit dem Bade aus. Wenn ich näher hinschaue und mich dem zuwende und spüre, welches tiefere Bedürfnis eigentlich damit verbunden ist, entsteht neuer Spielraum. Ich lerne, flexibler damit umzugehen.

Adriana: Es ist also wichtig, nicht nur nicht dagegen anzukämpfen und es laufen zu lassen, sondern wirklich zu hinterfragen, was steckt da dahinter, was treibt mich an, möglicherweise auch mit therapeutischer Hilfe oder mit anderen Methoden, die dabei helfen, sich selbst zu reflektieren.

Saleem: *Du hast von Fetischen gesprochen. Eine spannende Frage ist auch, wodurch ein Leiden eigentlich zustande kommt. Kommt es dadurch zustande, dass ich in meinem Handlungsspielraum oder Erlebnisraum so eingeengt bin, dass ich in meinem Leben zu nichts anderem mehr komme oder dass meine sozialen Kontakte verarmen?*

Die andere Möglichkeit wäre, dass ich nur deswegen leide, weil ich mich selbst abwerte, wenn ich mir Pornos reinziehe, wenn ich mir z.B. gleichzeitig einrede, ich sei ein perverses Schwein, wenn ich das tue. Die ungute Dynamik entsteht dann dadurch, dass ich das Pornoschauen mit einer negativen Botschaft an mich selbst verknüpfe. Das kann die Fixierung wiederum verstärken, um den mit der Abwertung verbundenen Stress zu reduzieren. In dem Moment, wo ich sage, es ist vollkommen okay, Pornos zu gucken, bin ich vielleicht schon nicht mehr so fixiert darauf.

Das ist natürlich individuell sehr unterschiedlich, aber oft ist es so, dass die Fixierung dadurch verstärkt wird, dass wir sie mit der Überzeugung koppeln, wir dürften das eigentlich gar nicht mögen. Ich bin nicht okay, wenn ich solche Vorlieben habe, zugleich benutze ich die Vorlieben, um mich davon zu erholen. Ein Teufelskreis.

Adriana: Ja, ich glaube, wichtige Aspekte dabei sind Scham- und Schuldgefühle, dass man so etwas "Schmutziges", "Verbotenes" oder "Unanständiges" tut. Manchmal ist es in Partnerschaften aber auch damit gekoppelt, dass beide natürlich merken – sofern "das Problem" für beide bekannt ist – dass die sexuelle Energie schwindet, wenn sagen wir mal der pornoguckende Mann seine sexuelle Energie oder sein Potential verschleudert und für die Beziehung nicht mehr viel übrigbleibt.

Saleem: *Das gibt es auch, das ist ein weites Feld, was sich da öffnet. Ich habe früher viel mit Männern gearbeitet, gerade mit solchen Themen. Was viele Männer nicht auf dem Schirm haben, für mich aber sehr naheliegend ist, ist folgendes: Es geht nicht nur um die Frage, ob ich Pornos gucke, sondern wie ich sie gucke. Also zum Beispiel darum, bin ich überhaupt noch präsent in meinem Körper, wenn ich einen Porno gucke, erlebe ich mich selbst noch dabei?*

Habe ich Handlungsspielraum? Bekomme ich Anregungen davon, lerne ich mich dabei besser kennen? Das wäre dann etwas, was ich in eine reale sexuelle Begegnung mitnehmen kann. Oder habe ich mich darauf konditioniert, komplett im Bildschirm zu verschwinden und mich selbst auszublenden, vollkommen in der virtuellen Welt aufzugehen? Das kann ich weniger in eine reale Begegnung mitnehmen. In einer Begegnung merke ich dann – oder eben auch nicht – dass da ja noch jemand ist. Bin ich überhaupt in der Lage darauf zu reagieren, wenn ich nicht gelernt habe oder es mir sogar abgewöhnt habe, in meinem Körper anwesend zu sein. Es hat also vieles mit der Art zu tun, wie jemand einen Porno schaut und nicht nur, ob er das tut.

Dazu kommt, was du eben angedeutet hast, die Frage der sexuellen Energie. Das hat speziell bei Männern viel mit der Fixierung auf die Ejakulation zu tun und ist nochmal ein Riesenthema. Wenn Männer bei jedem Porno regelmäßig ejakulieren, dann ist wahrscheinlich tatsächlich nicht mehr so viel Energie übrig. Aber muss nicht zwangsläufig so sein. Wie gesagt, das ist ein weites Feld. Nicht zuletzt dafür haben wir das Buch "Lustvoll Mannsein" geschrieben, in dem wir einiges zu dem Thema zusammengetragen haben. Wie können Männer mit ihrer sexuellen Energie anders umgehen als in der klassischen, konditionierten Weise, die stets mit einer Ejakulation als Schlusspunkt einhergeht?

Adriana: Es gefällt mir, dass wir detaillierter darüber gesprochen haben, damit es nicht so dasteht, als wenn es nur darum ginge, einfach nicht mehr gegen etwas anzukämpfen und dann wären wir schon befreit oder flexibler. Statt gegen etwas anzukämpfen, muss es mit Bewusstheit gefüllt werden, was da genau geschieht, was genau die Bedürfnisse dahinter sind, was im Körper geschieht, wie präsent wir sind bei dem, was geschieht, oder wie abwesend und in Beschlag genommen.

8. Sexuelle Identität und Orientierung

Unsere sexuelle Identität erschaffen wir uns selbst, sie ist keine angeborene oder essenzielle Gegebenheit.

Adriana: Wie meinst du das, unsere Identität schaffen wir uns selbst?

Saleem: *Das ist eine umstrittene These, bei der mir sicher nicht jede oder jeder zustimmen würde. Aber gerade, weil ich es selbst erlebt habe, wie sich sexuelle Identität und Orientierung verändern können, neige ich zu dieser These. Es gab eine Zeit in meinem Leben, da war ich der festen Überzeugung, ich sei schwul, nachdem ich vorher bereits Beziehungen mit Frauen gehabt hatte. Später habe ich mich überraschenderweise erneut in eine Frau verliebt. Meine schwulen Freunde konnten es schier nicht fassen. Ich habe es am eigenen Leib erlebt, dass meine eigene Identität erst heterosexuell war, dann schwul und dann zog es mich plötzlich doch wieder zu einer Frau. Das kann sich also verändern.*

Meine schwulen Freunde haben mir damals eingeredet, ich würde ausweichen, das ginge ja nun gar nicht. Es war en vogue zu behaupten, Bisexualität sei nur die Angst davor, zu seinem Schwulsein zu stehen. Bisexualität gäbe es nämlich eigentlich gar nicht. Die These, dass Hetero- oder Homosexualität komplett angeboren ist, dass wir diese Prägung mitbringen und nicht verändern können, teile ich nicht. Wobei mir bewusst ist, dass meine These auch missbraucht werden kann: Wenn Homosexualität nicht angeboren ist, könnte man sie dann nicht wegtherapieren? Gab es einen Fehler in der Erziehung? Das meine ich natürlich nicht, das wäre pure Diskriminierung.

Dieses heikle Fass öffne ich mit meiner These einer gewissen Fluidität. Manche haben Angst davor und wollen das Fass gleich wieder schließen, indem sie betonen, unsere sexuelle Orientierung sei doch angeboren, die gehöre zu unserem Wesen, das sei immer so und fertig. Daran solle man nicht herumschrauben. Das kann ich insoweit verstehen, weil

Diskriminierung auf keinen Fall ein Ansatz wäre, der aus meiner Sicht her-
aus angesagt oder hilfreich wäre. Nein. Aber wenn wir voraussetzen – was
durchaus nicht selbstverständlich ist –, dass wir uns in unserer sexuellen
Orientierung oder sexuellen Identität annehmen können und dürfen, so wie
wir sind, dann merken wir plötzlich, okay, unsere sexuelle Ausrichtung ist
vielleicht gar nicht so fixiert, wie wir immer gedacht haben. Für das Buch
Lustvoll Mannsein, das ich eben schon erwähnt habe, haben wir verschie-
dene Männer interviewt und bekamen spannende Einsichten. Da war zum
Beispiel ein Mann, der bezeichnete sich zunächst als klar heterosexuell.
Später kam zur Sprache, dass er einmal im Jahr einen Mann treffe, mit dem
er auch eine erotische Begegnung habe. Ich war überrascht, dass diese Per-
son so klar sagte, sie sei heterosexuell, aber in bestimmten Grenzen durch-
aus homosexuelle Begegnungen liebte und daran Spaß hatte. Da gab es
wohl doch eine gewisse Fluidität.

Wir können uns dieser Fluidität zuwenden, wir können sie mitgestalten. Das
ist kein Muss. Wenn jemand sagt, ich stehe nur auf Frauen oder nur auf
Männer und das soll auch so bleiben, finde ich nichts dagegen einzuwenden.
Aber manchmal gibt es ja Menschen, die sind neugierig, wollen neue Facet-
ten von sich kennenzulernen und da gibt es viele Möglichkeiten und die se-
xuelle Orientierung zu erforschen wäre eine davon.
Zur Identität gehört allerdings noch mehr: Was bedeutet es überhaupt,
Mann oder Frau zu sein? Auch in dieser Hinsicht würde ich behaupten, das
ist viel durchlässiger, als die meisten denken. Manche Menschen glauben,
mit ihrem Frausein oder Mannsein hätten sie ein bestimmtes Set von Eigen-
schaften in die Wiege gelegt bekommen. Wer ein massives Problem damit
habe, sei dann wohl transgender oder transsexuell und müsse sich vielleicht
operieren lassen, um Körper und Erleben wieder in Einklang zu bringen.
Meiner Ansicht nach ist es ein Problem, dass es wenig Durchlässigkeit gibt,
was Männlichkeit und Weiblichkeit bedeutet. Wir kreieren die Bedeutung
weitgehend selbst, natürlich geprägt von kulturellen und gesellschaftlichen
Einflüssen, aber wir stricken erheblich daran mit.

Adriana: Ich bin gerade ein bisschen nachdenklich geworden, weil ich mich frage: Habe ich vielleicht meine sexuelle Identität oder meine sexuelle Vorliebe für Frauen noch gar nicht erkannt? Bin ich vielleicht nur auf Männer konditioniert und habe den Raum für Frauen in mir nicht geöffnet?

Trotzdem ich Dir zugehört habe, frage ich dich einfach nochmal, was du ausdrücken wolltest. Würdest du dir wünschen, es gäbe mehr Raum dafür, dass es auch ganz anders sein könnte als es ist?

Saleem: *Ja, ich erlebe oft Situationen – gerade auch in meinen Kursen –, in denen eine Frau einer Frau begegnet oder ein Mann einem Mann. Speziell bei Männern gibt es große Berührungsängste, bei Frauen weniger. Aber viele Männer wie Frauen merken, oh, da öffnet sich eine eigene Welt von erotischem Erleben, von Frau zu Frau, von Mann zu Mann, die sie mit dem jeweils anderen Geschlecht so nicht erleben.*

Vielleicht können z.B. Frauen davon etwas in die Begegnung mit Männern mitnehmen. Vielleicht haben sie Aspekte von sich in der homoerotischen Begegnung gespiegelt bekommen, die vorher nicht entwickelt waren oder nicht genährt wurden.

Es geht mir dabei nicht um irgendwelche Normvorschriften, wie man oder frau sein sollte oder wie der voll entwickelte Mensch zu sein hat, mit allen möglichen Fähigkeiten und offen für alle möglichen Orientierungen. Nein, das ist Quatsch. Ich meine es eher im Sinne von Möglichkeiten, auf die wir vielleicht neugierig werden, vielleicht aber auch nicht.

Noch wichtiger als die sexuelle Orientierung finde ich das Verständnis davon, was es für mich bedeutet, Mann zu sein oder Frau zu sein.

Adriana: Ja, genau.

Saleem: *Gibt mir das einen Halt, eine Orientierung, eine Sicherheit? Oder engt es mich ein? Wann ist es das eine, wann das andere und wo gibt es Entwicklungspotenzial für mich?*

Adriana: Diesen Punkt kann ich gut nachvollziehen. Ich habe viele unterschiedliche Frauen und Männer kennengelernt, viele Frauen mit männlicherem Habitus und viele Männer mit weiblicherem Habitus und das waren immer noch eindeutig Männer oder Frauen. Wobei ich nicht sicher bin, was gehört eigentlich zu wem? Ist das wirklich festgelegt oder vielleicht sehr viel flexibler, als wir denken? Gibt es nicht innerhalb unserer Identität sehr viel mehr Entdeckungs- oder Erfahrungspotenzial für uns? Ist der Raum vielleicht viel weiter und größer, als wir ihn uns selbst gesteckt haben oder ihn anerzogen bekommen haben, auch kollektiv?

Saleem: *Ich glaube, dass diese Fragen relevant sind für unser Thema erfüllende Beziehungen. Es öffnen sich Spielräume, wenn Paare ihre Vorstellungen von Männersache oder Frauensache hinterfragen, also zum Beispiel, wer die sexuelle Initiative übernimmt, wer für das Kochen zuständig ist, wer sich um die Kinder kümmert oder was auch immer. Auf der Basis von Anerkennung und Wertschätzung für unsere Begrenzungen und Konditionierungen, die wir mitbringen, sowie für Verletzungen, die wir vielleicht erlebt haben, auf dieser Basis können neue Räume entstehen, wir können neue Bereiche unseres Liebeslebens kennenlernen und mit Leben füllen.*
Ein Mann, der lange seine Aufgabe im Beruf gesehen hat, merkt plötzlich: Hey, ich habe tierisch was versäumt, weil ich mich nicht um die Kinder gekümmert habe. Ich dachte immer, das sei eine lästige Pflicht. Meine Frau hat immer geklagt, ich kümmere mich nicht genug um die Kinder, nie sei ich für sie da und so weiter. Ich habe daraufhin versucht, mich abzuseilen und mich in den Beruf geflüchtet. Irgendwann habe ich gemerkt, dass ich einem Bild von Mannsein aufgesessen bin, in dem es nicht dazugehört, mich um die Kinder zu kümmern.
So können Männer plötzlich merken, wie viele Erlebnisdimensionen ihnen fehlen. Für Frauen gibt es wahrscheinlich ähnliche Beispiele, in denen Frauen erkennen, dass sie sich von einem Bild von Weiblichkeit blenden lassen und etwas nicht entwickeln, was sie vielleicht auch gerne leben möchten.

Adriana: Damit kann ich viel anfangen und kann mir auch vorstellen, dass das für viele Leserinnen echt ein spannendes Feld ist, wie sehr bin ich in einer Rolle oder in einem Bild von mir gefangen, dem ich zu entsprechen suche und dem wir auch kollektiv zu entsprechen versuchen.

9. Geschlechtsunterschiede

Die Unterschiede innerhalb des Kollektivs der Frauen beziehungsweise der Männer sind deutlich größer als die zwischen beiden Kollektiven. Geschlechtsunterschiede sind eher gradueller als prinzipieller Natur.

Adriana: Das klingt ähnlich wie das, von dem wir gerade gesprochen haben, nicht wahr? Heißt das, wir sind gar nicht so weit weg voneinander?

Saleem: *Ja. Statistisch gesehen würde man vielleicht sagen, im Mittelwert sind Männer zielorientierter und Frauen etwas mehr prozessorientiert, das könnte man so sagen, von ihrer psychischen Orientierung her. Aber wenn man individuell hinguckt, merkt man, dass das Spektrum, innerhalb dessen sich Männer bewegen, von Männern reicht, die total straight sind und nur auf ihr Ziel fokussiert sind bis hin zu anderen Männern, die sich treiben lassen, die es vielleicht auch überhaupt nicht auf die Reihe kriegen, irgendein Ziel zu verfolgen.*
Dieses Spektrum ist sehr groß und reicht weit in den Bereich rein, den man vielleicht als eher weiblich definieren würde.
Umgekehrt gilt das genauso. Vielleicht bewegen sich Frauen statistisch gesehen mehr auf der "ihrer" Seite des Spektrums, aber ihr Verhalten reicht ebenfalls weit in den Bereich hinein, den man als männlich definieren könnte. Daher stelle ich die Frage: Macht das überhaupt Sinn, diese Pole als Kategorien zu postulieren oder haben wir es nicht einfach mit einem Spektrum zu tun, innerhalb dessen wir alle die Fähigkeit haben, uns flexibel zu bewegen?
Das meine ich damit, wenn ich behaupte, dass die Unterschiede nicht prinzipieller, sondern eher gradueller Art sind. Wir alle haben die Möglichkeit, uns individuell mit unserem Verhalten auf der jeweiligen Skala zu bewegen.

Adriana: Damit ist der Bogen ein bisschen weiter gespannt. Es sind keine zwei getrennten Planeten, sondern wir liegen viel näher beieinander. Wir könnten voneinander profitieren oder uns inspirieren lassen … nein…. das drücke ich gerade nicht richtig aus, weil das wieder so klingt, als nehmen wir vom anderen, was eigentlich zum anderen gehört, als gäbe es zwei Lager, die vielleicht gar nicht wirklich da sind, oder nicht nötig sind.

Saleem: *Die Frage ist auch, wie können wir innerhalb von Mann/Frau Paaren Verständigungsmöglichkeiten eröffnen? Es gibt dieses berühmte Buch und mit ihm den Slogan "Männer kommen vom Mars, Frauen von der Venus". Es macht vielleicht Sinn, das so zu postulieren, wenn es dazu führt, dass man nicht alles verstehen muss, was den Partner oder die Partnerin so umtreibt. Wenn es bedeutet, okay, du kommst von einem anderen Planeten, ich werde also sowieso nicht alles verstehen, dann bin ich voll dafür. Wenn es dazu führt, dass ich dich mehr so annehmen kann, wie du bist, auch wenn du ein bisschen anders tickst, wunderbar.*
Wenn es aber dazu führt, dass ich denke, ich kann dich eh nicht verstehen, ich bin auch gar nicht sonderlich interessiert und mich in dich einfühlen kann ich schon gar nicht, dann schafft das eine Grenze, die so nicht sein müsste.

Adriana: Genau. Es gibt auch innerhalb von Frauenfreundschaften oder Männerfreundschaften ganz unterschiedliche Planeten. Es gibt Frauen, wo ich mich frage: mein Gott, von welchem Stern kommst du denn eigentlich? Ich verstehe kein Wort aus deiner Welt. Obwohl sie doch immer noch vom Planeten Venus kommt, nicht wahr?

Saleem: *Vielleicht kommen wir tatsächlich nicht wirklich von verschiedenen Planeten. Vielleicht kommen wir doch alle von der Erde.*

Adriana: Oder jedenfalls aus dem gleichen Universum.

10. Gemeinsamkeit und Andersartigkeit

Einfühlung in unsere Gemeinsamkeit und Respekt für unser Anderssein sind die zwei wichtigsten Zutaten echter Verbundenheit.

Adriana: Das ist einer der Punkte, über die ich unbedingt sprechen möchte. Wenn wir unser Anderssein akzeptieren und uns gleichzeitig in das einfühlen, was wir gemeinsam haben, erleben wir stärker unsere Verbundenheit. Ist das so gemeint?

Saleem: *Genau, ja. Manche von den Themen, über die wir sprechen, überschneiden sich immer wieder mal. Das ergibt eine unterschiedliche Beleuchtung unserer Themen.*
Wir sind ähnlich und wir sind anders, das sind eigentlich zwei Seiten derselben Medaille. Auf beide Seiten kann mich beziehen. Die Fähigkeit, zwischen diesen beiden Polen zu wechseln, ist sehr hilfreich. Wenn ich merke, jetzt macht meine Partnerin etwas, was ich überhaupt nicht verstehen kann, und ich denke, wie kann sie das bringen, dann wäre es gut, mich darauf zu beziehen und zu respektieren, dass sie anders ist. Sie muss nicht so ticken wie ich, es nicht so machen wie ich. Es war für mich ein langer Weg, diese Toleranz in mir zu entwickeln.
Früher dachte ich tatsächlich manchmal: Also so zu ticken, das bringt doch nichts! Ich wollte meiner Partnerin dann tatsächlich beibringen, dass sie gut beraten wäre, von ihrer Sichtweise loszulassen, um es mal vorsichtig zu umschreiben. Inzwischen merke ich, wie viel Raum ich mir selbst eröffne, wenn ich anerkenne, sie ist da echt anders drauf und sie darf auch so sein. Und ich kann ein bisschen staunend, aber auch liebevoll darauf schauen.

Die andere Seite meldet sich manchmal direkt hintendran, wenn ich mich aus diesem Anlass heraus plötzlich frage, stimmt das eigentlich, dass sie so anders ist? Kenne ich das nicht auch? Aus dem Respekt heraus öffnet sich plötzlich ein Raum und plötzlich merke ich, hopsa, so anders ist sie gar nicht. Ich kenne diese Seite auch in mir, ich lebe sie vielleicht nicht so aus wie sie oder ich lebe sie in anderen Zusammenhängen. Dann ist wieder eine Ebene da, auf der ich mich in sie einfühlen und mich mit ihr verbinden kann.

Adriana: Das erlebe das ganz häufig bei meinen Paaren. Am Anfang, wenn Paare sich kennenlernen – und das kenne ich auch von mir – ist die Übereinstimmung das Schönste. Wir mögen das Gleiche, die gleiche Musik, das gleiche Essen, einen ähnlichen Einrichtungsstil, all diese Gemeinsamkeiten. Wir erfahren darüber, wie stark wir verbunden sind. Infolgedessen erscheint alles, was sich plötzlich anders zeigt, als eine Bedrohung. Oh, sind wir überhaupt noch so verbunden, wenn du die Dinge ganz anders siehst, andere politische Ansichten hast oder andere Dinge magst? Deine Freizeit mit anderen Aktivitäten verbringst? Oh mein Gott, was für eine Bedrohung, was die Verbundenheit anbelangt.

Aber jetzt behauptest du, dass du die Erfahrung gemacht hast, dass auch die Andersartigkeit, wenn sie echte Akzeptanz findet, zu einer Verbundenheit führen kann, sei es darüber, dass du entdeckst, auch in dir gibt es solche Anteile, so unterschiedlich sind wir gar nicht, du hast das nur noch nicht so ausgelebt oder dem keinen Raum gegeben. Oder die Verbundenheit entsteht über eine gewisse Form von Spannung, von offener Neugier auf das Anderssein.

Ich finde, Beziehungen leben von einer guten Balance zwischen Nähe und Distanz. Da können gerade die Dinge sehr reizvoll sein, bei denen wir merken, du bist ganz anders. Was hast du, was ich nicht habe? Was kannst du, was ich nicht kann?

Wenn wir das nah an uns heranlassen, kann das in meiner Erfahrung auch außerordentlich spannend werden, neugierig machen und auch sexuell anziehend sein.

Saleem: *Das bewirkt einen ganz eigenen Prickel.*

Adriana: Ja.

Saleem: *Denken wir nochmal an die drei Qualitäten, über die wir am Anfang gesprochen haben: Sex, Herz und Bindung. Da haben wir es einerseits mit unserer Andersartigkeit zu tun, die erotisch besetzt werden kann. Dadurch entsteht erotische Spannung und die ist auch etwas, was uns verbinden kann, obwohl oder gerade, weil wir verschieden sind. Andererseits können wir spüren, so verschieden sind wir gar nicht, wir können uns umarmen und spüren unsere Ähnlichkeit, unsere Herzen ticken ähnlich.*
Das sind zwei verschiedene Qualitäten, wie beide ihren Wert haben und Raum brauchen und damit zur Erfüllung beitragen können. Und drittens haben wir es mit einer Dimension zu tun, in der aus den beiden anderen Dimensionen heraus etwas entstehen und wachsen kann, was Kontinuität ins Spiel bringt und ein Gefühl von Zusammengehörigkeit, welches Gemeinsamkeit und Unterschiedlichkeit umfasst.

Adriana: Ich denke gerade an Klienten von mir, bei denen die Unterschiedlichkeit sehr einschneidend ist, auch was ihre Werte betrifft. Sie legt zum Beispiel unglaublich viel Wert auf die Familie, die hat einen hohen Stellenwert in ihrem Leben, und sie möchte viel Zeit mit der Familie verbringen, sie liebt Familienfeste, sie will ihre Familie einladen, ihre Schwester, ihre Mutter, ihren Vater, die sollen die ganze Zeit Teil ihres Lebens sein.
Er hingegen ist mega genervt davon, er will sein Leben nicht mit ihrer Familie verbringen und jedes Mal, wenn es um Familienfeste geht oder wenn die Schwester wieder unten klingelt, verdreht er die Augen. Die zwei sind sehr unterschiedlich, auch in ihrem Freizeitverhalten und vor allem in der Frage, mit wem sie ihre Freizeit verbringen wollen. Dazu kommt noch seine Intro- bzw. ihre Extrovertiertheit, auch da sind sie sehr unterschiedlich.

Saleem: *Ich verstehe. Das ist dann nicht unbedingt immer erotisch, wenn es so weit auseinanderdriftet.*

Adriana: Genau, das ist auch sexuell nicht so prickelnd, sondern eher nervig.

Saleem: *Wir kommen hier an die Grenze dessen, wieviel wir miteinander teilen wollen oder müssen. Auch da gibt es nicht selten fixe Vorstellungen. Ich hatte mal eine Partnerin, die war ganz klar der Ansicht, ihr Partner fährt mit zu ihren Familienevents. Die unterschwellige Botschaft war, wenn du nicht mitfährst, bist du nicht wirklich mein Partner, so ungefähr. Fixe Vorstellungen machen es nicht gerade einfach, Unterschiedlichkeit anzuerkennen, geschweige denn sie als erotisch zu besetzen. Wenn wir glauben zu wissen, wie unser Partner zu sein hat, können wir solche Themen nicht flexibel verhandeln. Wie viel Zeit möchten wir miteinander verbringen? Was erwarten wir voneinander?*

Natürlich ist irgendwann auch eine Schmerzgrenze erreicht, wenn die Schnittmenge zu gering ist. Du bist immer nur auf Familienfeiern unterwegs und ich auf irgendwelchen Abenteuerurlauben und wir sehen uns kaum noch, dann fragt man sich natürlich, macht das noch Sinn, diese Art von Bindung zu aufrecht zu erhalten?

Das heißt aber nicht, dass wir uns nicht weiter lieben können und dass keine sexuelle Attraktion mehr da ist, aber möglicherweise ist die Bindung nicht zukunftsfähig, vielleicht fehlt es an Bindungsbereitschaft oder die Basis dafür ist nicht ausreichend. Dann kann man sich vielleicht auch in Liebe und Anerkennung dieser Tatsache voneinander lösen. Wenn man sich aber gegenseitig unterstellt, du liebst mich nicht genug, weil sonst würdest du ja mit auf das Familienfest kommen, dann landen wir in einer heillosen Verstrickung.

Adriana: Oh, das ist wieder mal spannend. Jetzt wird noch deutlicher, wie wesentlich es ist, Sex, Herz und Bindung zu differenzieren. Zum Beispiel bei dem Paar, das ich eben beschrieben habe. Was den Bindungsschenkel des Dreiecks anbelangt, sind sie sehr unterschiedlich, was aber nicht heißt, dass die Liebe fehlt. Nicht dass ich jetzt für dieses Paar sprechen möchte, aber es ist immer auch eine Option, sich in Liebe zu trennen.

Es ist hilfreich sich anzuschauen, wie sind wir auf dem Bindungsschenkel unterwegs und welche Räume kann jeder von uns noch in sich entwickeln oder verändern, um zusammen zu kommen. Oder eben auch nicht.

11. Eifersucht

Wenn wir anfällig für Eifersucht sind, investieren wir besser in die Qualität der Bindung als in dem Bau eines Zauns.

Adriana: Unterschiedliche Vorstellungen von Treue und Verbindlichkeit sind besonders heikel in Beziehungen und führen oft zu Eifersucht. Weißt du, Eifersucht ist ein Thema, das kenne ich von oben bis unten, von links nach rechts. Ich bin eine Expertin beim Thema Eifersucht. Da würde ich gerne hören, was du damit meinst, mit "in die Qualität der Bindung" investieren.

Ich glaube, eifersüchtige Frauen oder Männer, würden das sehr gerne tun, in die Qualität der Bindung investieren. Ein eifersüchtiger Mensch würde nur zu gerne den anderen bestmöglich an sich binden. Aber vielleicht ist das nicht unbedingt das, was du damit gemeint hast.

Saleem: *Ja, ich gehe gerne darauf ein. Aber vielleicht führen wir über Eifersucht mal ein extra Gespräch, weil sie sehr brisant und komplex ist. Ich antworte jetzt nur kurz darauf.*

Die meisten von uns haben mehr oder weniger schmerzhafte Erfahrungen damit gemacht, entweder auf der Seite der Angst, der andere könnte mich verlassen oder könnte jemand anderes toller finden, oder auf der anderen Seite, ich werde permanent eingeengt und misstrauisch beäugt und darf keine andere Frau mehr anschauen und so weiter.

Auf beiden Seiten gibt es viele Verletzungen und diese rühren oft an tiefe Kindheitstraumata, Bindungstraumata, weshalb sie für die meisten nicht so schnell zu lösen sind und schon gar nicht mit einem einfachen Spruch, wie du ihn gerade von mir zitiert hast. Trotzdem möchte ich kurz andeuten, was mir wesentlich erscheint. Viele glauben, sie kämen besser mit dem Problem zurecht, wenn sie Grenzen setzen bzw. eine Vereinbarung schließen. Die könnte so lauten: Wir sind sexuell exklusiv und bestimmte Dinge reservieren wir ganz für uns.

Das meine ich damit, einen Zaun zu bauen. Es ist manchmal hilfreich, sol-che Vereinbarungen zu treffen, aber nur dann, wenn sie nicht die Illusion nähren, damit sei das Problem gelöst. Es wird damit höchstens entschärft, vertagt oder auf gewisse Weise auf ein handhabbares Territorium begrenzt.

Adriana: Das würde jede eifersüchtige Person bestätigen, was du gerade sagst.

Saleem: *Ja, aber die Dynamik dahinter ist weiter virulent, man kann auf die kleinsten Sachen eifersüchtig werden. Zum Beispiel so: Du hast der Frau hinter der Theke etwas zu lang in die Augen geschaut. Glaubst du, ich merke das nicht?*
So findet das kein Ende. Deswegen würde ich empfehlen, möglichst nicht nur in den Zaun zu investieren, wenn überhaupt, sondern zu schauen, was gibt mir Vertrauen, Sicherheit, Geborgenheit, Zugehörigkeit? Also all die Qualitäten, um die es in der Bindungsdimension geht. Was brauche ich und wie kann ich diese Bedürfnisse in mir erkennen und anerkennen und sie mei-nem Partner kommunizieren?
Dabei ist auch wieder wichtig, Bindungsbedürfnisse nicht mit Liebesbedürf-nissen zu verwechseln. Wenn der Partner sagt, hey, ich liebe dich doch über alles, es hat nichts mit dir zu tun, wenn ich eine andere Frau auch toll finde und mit ihr ins Bett gehe. Das ändert nichts an meiner Liebe zu dir. Das stimmt natürlich, auf der Ebene der Liebe ist es durchaus möglich, mehrere Menschen zu lieben, sie kann sogar dadurch wachsen, dass man sie teilt. Auf der Ebene der Bindung kann das aber ganz anders aussehen. Die Frau könnte sagen, wenn du Sex mit einer anderen Frau lebst, ist mein Gefühl von Zusammengehörigkeit und Zugehörigkeit bedroht. Ich kann mich dann nicht mehr öffnen.

Über diese Themen offen zu sprechen, heißt noch nicht, dass eine Einigung in Sicht ist oder beide das gleiche Bedürfnis haben. Aber so ist zumindest kommunizierbar, um was es überhaupt geht. Der Mann in unserem Beispiel könnte verstehen, dass nicht seine Liebe in Zweifel gezogen wird, sondern es wird ein Bedürfnis an ihn herangetragen, bei dem es um Zugehörigkeit und Vertrauen geht. Darüber ließe sich dann vielleicht sinnvoller kommunizieren. Das Paar kann Rituale miteinander finden, die das Gefühl von Zusammengehörigkeit stärken, es kann bestimmte Zeiten definieren, die beide miteinander verbringen. Das könnte dem eifersüchtigen Partner dabei helfen, sich in der Gemeinsamkeit niederzulassen und Vertrauen zu entwickeln. Aus dieser Erfahrung heraus kann er vielleicht dem anderen Partner mehr Freiheit zugestehen, weil Sicherheitsbedürfnisse gewürdigt werden und Raum bekommen. Das meine ich damit, nicht in Bindung als solche zu investieren und einen Zaun zu bauen, sondern direkt in die jeweiligen Qualitäten, um die es dabei geht. Einen Zaun als eine äußere Grenze brauchen wir umso weniger, je mehr innere Verbindung vorhanden und für beide spürbar ist.

Adriana: Spannend, auch da wieder das Dreieck Sex, Herz und Bindung zu sehen, differenziert zu betrachten und zu schauen, von welcher Ebene sprechen wir eigentlich gerade. Was ich häufig erfahren habe, ist, dass es sich vermischt, und es kommen ewige Missverständnisse dabei raus: Ja, aber ich liebe dich doch. Ja, aber woran soll ich merken, dass du mich liebst, Mann, wenn du dies oder jenes machst! Das ist für mich kein Ausdruck von Liebe, weil ...

Eine heillose Verstrickung, und das liegt daran, dass viele von diesen Aspekten vermischt werden. Und wenn man das merkt und differenziert und weiß, von welcher Ebene man spricht, könnte das neue Horizonte öffnen und es kann sich mehr Frieden einstellen.

Ich würde diesen Punkt gerne als eine Art Trailer ansehen, für ein weiteres Gespräch, das wir dem Umgang mit Eifersucht widmen. Ich glaube, das ist für viele Menschen relevant. Ich habe dank deiner Hilfe viel darüber gelernt, sodass ich Eifersucht inzwischen nur noch in einer homöopathischen Dosis erlebe im Vergleich zu meinen ursprünglichen Ausprägungen. Das ist eine Befreiung ganz besonderer Art.

12. Arbeit, Spiel und Gnade

Beziehungen sind das Ergebnis harter Arbeit, spielerischer Leichtigkeit und Gnade

Adriana: Wir kommen langsam zum Ende unseres Gesprächs. Auch dieser Satz klingt erstmal widersprüchlich, oder nicht?

Saleem: *Der Satz zeugt wieder von meiner Vorliebe für Widersprüchlichkeiten. Manche Paare streiten sich darüber, dass sie sich streiten. Sie denken, eine Beziehung sollte doch leicht sein und wenn sie nicht leicht ist, dann stimmt etwas nicht. Für solche Paare würde ich sagen, Beziehung ist auch harte Arbeit. Damit können wir anerkennen, dass, wenn wir uns streiten, etwas dahinter ist, was sich näher zu betrachten lohnt, und das kann manchmal mühsam sein. Die Mühsal kann sich lohnen.*
Es kann aber auch umgekehrt sein, dass Paare in harter Arbeit feststecken und das Bild vor sich hertragen, Beziehung sei eine krasse Herausforderung, harte Arbeit eben, und um jeden Entwicklungsschritt müsse man kämpfen. Denen würde ich sagen, Beziehung kann und darf auch leicht und spielerisch sein.
Wir werden von unseren eigenen Glaubenssätzen geprägt, was eine Beziehung ausmacht und was zu einer Beziehung gehört, das macht es nicht immer einfach. Wir können aber lernen, Differenzen stehen zu lassen, einen Scherz darüber zu machen oder nicht alles so ernst zu nehmen. Wir können auch mal oberflächlicher mit manchen Dingen umgehen, nicht chronisch, sondern als eine Fähigkeit oder Möglichkeit.
Da haben wir auch wieder zwei Pole, zwischen denen wir uns bewegen können, mal fünfe grade seinlassen oder es haargenau nehmen, vier ist vier, nix anderes. Manchmal will ich genau hinschauen, um was es wirklich geht, manchmal großzügig darüber hinwegschauen. Beides kann hilfreich sein, es ist gut, beide Möglichkeiten zur Verfügung zu haben.

Der dritte Aspekt, der mit der Gnade, bedeutet, dass wir froh und dankbar sein können, wenn unsere Beziehung erfüllend ist, wir haben nämlich nicht alles selbst in der Hand.

Ich lebe in einer Beziehung, wie du ja weißt, in der ich glücklich bin, oft bis zum Anschlag. Da neige ich manchmal zu der Hybris, dass ich mir das alles erarbeitet habe. Das ist vielleicht auch nicht zu einhundert Prozent falsch, ich habe so manches gelernt, wo ich früher blinder, verbockter oder sturer war und so, und wobei ich jetzt viel mehr Spielraum habe.
Ich glaube, es trägt zu meiner Erfüllung bei, dass ich es als Geschenk sehe. Ein Geschenk, das ich dankbar annehme und nicht nur meiner Kompetenz zuschreibe. Das wäre nämlich vielleicht der Anfang vom Ende der Erfüllung. So, das wäre, was mir spontan zu diesen drei Aspekten einfällt.

Adriana: Es gefällt mir, diese drei Sichtweisen so hervorzuheben. Ich glaube, es gibt viele Paare, das erlebe ich auch in meiner Praxis, da kommt der eine Partner mit dieser Haltung von "Beziehung ist knallharte Arbeit und es ist echt mühselig und da muss man einfach durch und durch und durch". Der andere Partner ist sowas von müde davon, hat überhaupt keine Lust mehr und tendiert dazu, den anderen Pol einzunehmen und zu sagen, nee, sorry, also echt, Beziehung muss leicht sein; entweder fließt die Liebe oder sie fließt nicht und dann lassen wir das einfach!
Ich glaube, du versuchst eine Lanze zu brechen für ein Sowohl-als-auch. Es braucht echte Auseinandersetzung, wir gucken ganz genau hin, was da los ist. Und dann wieder geht es darum, auch im Fokus zu haben, was uns verbindet, was sich spielerisch und mit Leichtigkeit leben lässt, den Humor nicht aus den Augen zu verlieren, Dinge zu tun, die einfach, leicht und locker sind.
Viele stellen sich die Frage: Ist es denn nicht so, dass Liebe sich einstellt, wenn die zwei richtigen zusammenkommen? Und dann läuft's einfach? Oder etwa nicht?
Ich meine, die zwei ganz "falschen" werden es schwer haben miteinander. Aber wo gibt es schon diese ganz richtige Person? Ein Stück weit werden

wir immer herausgefordert werden und das bringt auch Spannung mit sich. Und ein anderer Teil ist leicht und wir sind eingeladen, diese Leichtigkeit zuzulassen. Und wie gesagt, manches kommt auch einfach vom Himmel und ist ein Geschenk.

Saleem: *Ja. Ein Geschenk des Himmels.*

Adriana: Ja, Saleem, das waren jetzt eine Menge Themen. Danke für deine Antworten.

Saleem: *Ja, es war ein schöner Ritt durch alle möglichen Themengebiete im Dschungel des Liebeslebens. Lassen wir es erst mal so stehen. Ich danke dir für deine Fragen, für deine Beharrlichkeit – und für deine Leichtigkeit.*

Adriana: Ja, gerne. Ich danke dir für dieses Gespräch.

Zur Person

Saleem Matthias Riek, geb. 1959, studierte Sozialpädagogik in Berlin und absolvierte Ausbildungen in körperorientierter Psychotherapie und Tantra. Schon früh waren ihm die Themen Liebe, Sexualität und Partnerschaft wichtig, seit 1987 leitet er Seminare und Trainings und arbeitet als Heilpraktiker mit Schwerpunkt Paar- und Sexualtherapie.
2010 gründete er die "Schule des Seins", die Seminare, Trainings und Events im Bereich Liebe, Eros und Bewusstsein anbietet.
www.schule-des-seins.de

Er ist Autor mehrerer Sachbücher ("Herzenslust", "Leben, Lieben und Nicht Wissen", "Herzensfeuer", "Lustvoll Mann sein" und "Mysterien des Lebens") sowie zahlreicher Artikel in Fachzeitschriften und in seinem Blog blog.saleem-matthias-riek.de. 2020 erschien sein erster Roman "Die gefährliche Unausweichlichkeit der Liebe". Weitere Buchprojekte sind in Arbeit, darunter die Fortsetzung des Romans und ein Sachbuch zum Thema "Sex, Herz und Bindung".

Adriana Feldhege, geboren 1966, arbeitet seit 1995 in freier Praxis als Einzel- und Paartherapeutin in München. Darüber hinaus ist sie Seminarleiterin, Ausbilderin und Supervisorin im Bereich Psychotherapie.
www.psychotherapie-und-ausbildung.de

Sie ist ausgebildet in diversen Methoden körperorientierter, systemischer und hypnosystemischer Psychotherapie, integrativer Paartherapie sowie provokativer Therapie.
Ihre Arbeit ist vornehmlich von ihrer Liebe zum Leben geprägt und der Freude daran herauszufinden, was ein erfülltes Leben ausmacht. Beziehungs- und Liebesfähigkeit spielt dabei eine zentrale Rolle.

Buchtipps

Saleem Matthias Riek: Herzenslust.
Lieben Lernen und die tantrische Kunst des Seins
Ein Buch über Lust und Liebe und davon, wie wir beides zusammenbringen können. Die Grundlage dafür bildet die vom Tantra inspirierte Kunst des Seins, eine provozierend einfache Haltung dem Leben gegenüber: Lieben heißt, dich selbst so sein zu lassen, wie du bist. Zahlreiche Beispiele, berührende Erlebnisberichte und bewährte Übungen machen deutlich, wie die Kunst des Seins auch im Alltag gelebt werden kann.

"Dieses Buch ist eine Einladung, sich von dem echten Leben berühren zu lassen, das in uns allen fließt? Alan Lowen

Broschur 280 Seiten und E-Book * ISBN 978-3-89901-451-8
Hörbuch 3 CDs * ISBN 978-3-86266-038-4

Saleem Matthias Riek und Rainer Salm: Lustvoll Mann sein. Expeditionen ins Reich männlicher Sexualität
Nach einem kurzen Blick auf gängige Männerbilder und -klischees und deren jüngsten Veränderungen führen 15 berührende und intime Gespräche von Mann zu Mann mitten in die Vielfalt und den Reichtum männlicher Sexualität. Mutig, verletzlich, nachdenklich und provokant offenbaren sich hier Männer, die sich weit über die Grenzen klassischer Männlichkeit hinausgewagt haben, jeder auf seine eigene Weise.

"Ich empfehle allen Sexual- und Paartherapeuten aller Geschlechter die Lektüre dieses Buches." Prof Dr. Volkmar Sigusch

Broschur 312 Seiten und E-Book * ISBN 978-3-89901-920-9

Saleem Matthias Riek: Leben, Lieben und Nicht Wissen. Einblicke in die tantrische Kunst des Seins
Liebe, Intimität und Sexualität lassen uns im Himmel hoch jauchzen, im Feuer der Sehnsucht schmoren und manchmal verzweifeln. Liebe Leben fordert uns aus den gewohnten Bahnen heraus.
Für Menschen, die ganz konkret lieben lernen wollen, ist dieses Buch eine Schatztruhe. Es ist kein Ratgeber "So gelingt jetzt meine Beziehung mühelos!" und auch kein Rezeptbuch für kosmische Orgasmen. Wer auf einfühlsame Weise im ganz alltäglichen Suchen nach Glück und Erfüllung angeregt werden möchte, findet hier vielfältige Unterstützung.

"Eine Quelle der Inspiration, auch für die Stolpersteine, die einem so im alltäglichen Liebesleben begegnen" Judit Suman, amazon.de

Broschur 184 Seiten und E-Book * ISBN 978-3-88334-4544-0

Saleem Matthias Riek: Herzensfeuer. Eine Liebeserklärung an die Paradoxien des Lebens
Wer mag sie schon, die Widersprüche in unserem Leben? Sie sind eine Last, rauben uns den letzten Nerv und lassen uns verzweifeln. Doch was geschieht, wenn wir sie nicht länger lösen wollen, sondern von ganzem Herzen annehmen lernen?
Mit Begeisterung, Klarheit, Humor und vielen alltagsnahen, berührenden Beispielen beschreibt der Autor, wie Widersprüche uns Tag für Tag aufwecken und zu innerer Heilung, größerem Gewahrsein und tieferer Liebesfähigkeit führen können.

"Herzensfeuer ist ein konfrontierender, aber immer freundlicher Augenöffner " Connection Spirit Magazin

Broschur 280 Seiten und E-Book * ISBN 978-3-88334-4544-0

Saleem Matthias Riek: Mysterien des Lebens.
Wie uns Liebe, Eros und Bewusstsein verwandeln
Liebe, Eros und Bewusstsein sind entscheidende Ingredienzen für ein erfülltes Leben. Wer sehnt sich nicht danach, ein Leben voller Lust und Liebe bewusst zu ge-stalten und zu genießen?
Um alle drei Phänomene ranken sich Geheimnisse, sie entziehen sich der Machbarkeit. Wir können uns oder kontrollieren, wen oder was wir begehren. Unsere Einflussmöglichkeiten stoßen an Grenzen. Wir haben es mit Mysterien des Lebens zu tun, die uns herausfordern, alte Denkgewohnheiten und Verhaltensweisen loszulassen und uns für Unbekanntes zu öffnen.
"... denn genau hier entsteht diese wunderbare, unvorhersehbare Energie und Kreativität in Begegnung. Und der ekstatische, erotische Liebestanz kann beginnen!" Sylvia Vette Rüggen
Broschur 200 Seiten und E-Book * ISBN 978-3-7412-4006-5

Saleem Matthias Riek: Die gefährliche
Unausweichlichkeit der Liebe. Roman
Die gefährliche Unausweichlichkeit der Liebe ist ein Roman über das Spannungsfeld von leidenschaftlicher Sexualität und verbindlicher Liebe. Er gibt einen realistischen Einblick in die Tantra-Szene und die Gefühlswelt von Menschen, die sich auf diesen Weg begeben.
Die Protagonisten sind keine Vertreter tantrischer oder polyamorer Liebesideale, sondern Menschen, die mutig darum ringen, zu lieben und geliebt zu werden.

"Ich bin begeistert! Keine unrealen Klischees, sondern ein Beispiel einer aufkeimenden Liebe... " amazon.de
Broschur 340 Seiten und E-Book * ISBN 978-3969 663776